Ⓒ

LES
JEUNES VOYAGEURS
EN ASIE,
SECONDE PARTIE,

CONTENANT LA CHINE, LE THIBET, LE JAPON, LA CORÉE, LA TARTARIE ET LA RUSSIE D'ASIE.

TOME PREMIER.

PARIS, IMPRIMERIE DE GAULTIER-LAGUIONIE,
HÔTEL DES FERMES.

LES
JEUNES VOYAGEURS
EN ASIE,

OU

DESCRIPTION RAISONNÉE

DES DIVERS PAYS COMPRIS DANS CETTE BELLE PARTIE
DU MONDE,

Contenant des détails sur le sol, les productions, les curiosités,
les mœurs et coutumes des habitans, les hommes célèbres
de chaque contrée, et des anecdotes curieuses.

*Avec une Carte générale de l'Asie, six Cartes particulières,
et seize Gravures en taille-douce.*

PAR P. C. BRIAND,
Auteur des Jeunes Voyageurs en Europe.

TOME SIXIÈME.

A PARIS,

CHEZ HIVERT, LIBRAIRE,

QUAI DES AUGUSTINS, N. 55.

1829.

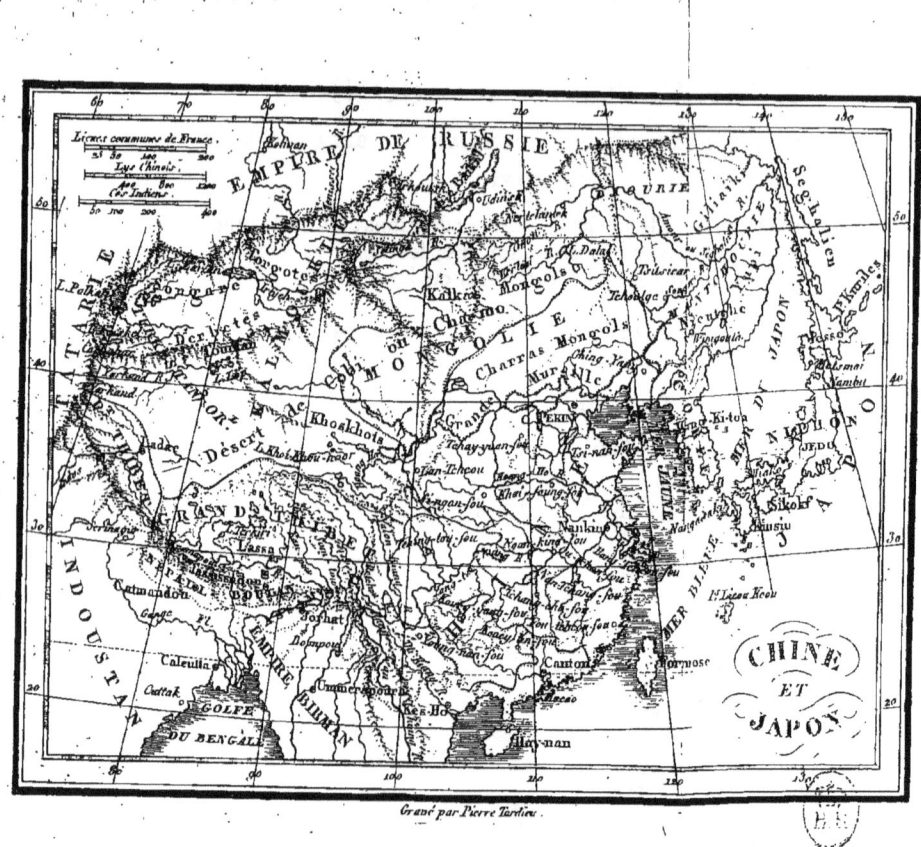

LES JEUNES VOYAGEURS EN CHINE,

AU JAPON, EN TARTARIE,

ET DANS LA RUSSIE D'ASIE.

LETTRE PREMIÈRE.

Empire Chinois. — Ile de Hay-Nan. — Quang-Tcheou. — Fou ou Canton. — Villes principales. — Idée générale des villes chinoises.

Depuis votre départ, mon cher Charles, nous avons gagné la Chine, et nous pouvons nous vanter d'avoir vu le plus vaste, et le plus ancien empire du monde. Presque aussi étendue et aussi peuplée que l'Europe, soumise à un seul prince, gouvernée par une seule volonté, dirigée par le même esprit, la Chine subsiste avec la même splendeur depuis plus de quatre mille ans. Ses mœurs, son génie, ses lois, ses opinions, ses arts, ses coutumes, son langage même, n'ont éprouvé aucune altération; et contre l'ordinaire des royaumes asiatiques, dont les monarques sont autant de despotes, celui de la Chine se regarde à la fois comme le protecteur, le père et l'ami de son peuple.

La Chine, située au sud-est de l'Asie, comprend une étendue de cinq cent vingt lieues en longueur, quatre cent quarante en largeur, et conséquemment une surface de cinq cent vingt-trois mille six cents lieues carrées. Elle est bornée à l'est par l'Océan; au nord, par une muraille de vingt-cinq pieds de hauteur, longue de cinq cents lieues, et flanquée de quarante cinq mille tours, laquelle la sépare de la Tartarie; à l'ouest, par des montagnes;

au sud, par l'Océan, le Tonquin, la Cochinchine, le Laos et autres petits pays réunis sous la dénomination d'empire d'Anam. La température de la Chine est très variée, et le sol généralement plat, à l'exception de quelques montagnes qui sont cultivées avec le plus grand soin.

Cet empire est divisé en quinze grandes provinces; au nord, le Chan-Si, le Chen-Si, et le Petche-Li; à l'est, le Chang-Ton, le Kiang-Nan, le Tche-Kiang et le Fo-Kien; au sud, le Quang-Ton, le Quang-Si et le Yun-Nan; à l'ouest, le Se-Tchuen; au centre le Honan, le Hou-Quang, le Koei-Tcheou et le Kiang-Si. Ces quinze provinces composent la Chine proprement dite, mais elle possède en outre la Mantchoulie, la Mongolie, et diverses autres contrées dont les chefs sont ses tributaires. Les villages de la Chine ne diffèrent des villes qu'en ce qu'ils ne sont pas murés; mais ils sont presque aussi peuplés, et la population est si multipliée qu'un grand nombre de

Chinois n'a pour demeure que des jonques et autres bateaux dont les fleuves et les canaux sont couverts.

Les Chinois sont de la grande race mongole : un front élevé, un nez court, de petits yeux bien coupés, un visage large et carré, de grandes oreilles, une bouche moyenne, des cheveux noirs, et beaucoup d'embonpoint constituent chez eux la véritable beauté. Les paysans ont le teint brun et olivâtre, mais la plupart des habitans ont la peau fort belle jusqu'à l'âge de trente ans. Les femmes sont d'une taille moyenne, ont le teint assez inégal, et les pieds si petits qu'elles peuvent à peine marcher. On vante beaucoup leur réserve et leur attachement pour leurs enfans. Celles des classes élevées vivent constamment dans la retraite, ce qui équivaut, à peu de chose près, à être enterrées toutes vivantes.

Des ports de la Cochinchine nous vînmes débarquer à Macao, après avoir mouillé dans l'île de Hay-Nan dont le circuit embrasse cent cinquante lieues. Les Chinois n'en possèdent qu'une partie; le reste est habité par un peuple libre, retranché dans des montagnes inaccessibles, et qui n'a avec eux presque aucune communication. Les hommes et les femmes passent leurs cheveux dans un anneau, et les portent sur le front. Leur habillement consiste dans un chapeau de paille et un petit tablier de toile; leur parure, en des boucles d'oreilles d'or, et des raies bleues qu'ils gravent sur leurs joues; leurs armes sont un arc, des flèches, et un coutelas qu'ils portent dans un petit panier attaché, par derrière, à la ceinture. Ils sont en général, très difformes, de petite taille, et de couleur tirant sur le rouge.

On compte dans cette même île, quatorze ou quinze villes, presque toutes bâties sur le rivage. La capitale nommée *Kiun-Tchéou-Fou*, reçoit les vaisseaux jusque sous ses murs. Il s'y fait un si grand commerce qu'on peut la mettre au rang des villes les plus considérables de cette partie de l'Asie.

La ville de *Macao*, située dans une péninsule à l'embouchure de la rivière de Canton, n'est renommée que parce que les Portugais en avaient fait le centre de leur commerce. Ils en ont été les fondateurs. Ils y construisirent d'abord un fort qui devint bientôt une ville florissante, et qui depuis a beaucoup perdu de sa splendeur originelle. Les Portugais n'ont plus qu'une très petite garnison à Macao ; ils paient aux Chinois un tribut pour le terrein des maisons et des églises qu'ils occupent. Ces maisons sont construites à l'européenne, mais un peu basses. Sur la langue de terre qui joint Macao au continent, on a bâti un mur de séparation, pour empêcher la communication des habitans avec la Chine. Ce mur est ouvert au centre par une porte où l'on entretient une garde continuelle. Les Chinois qui demeurent dans la ville, obtiennent quelquefois la permission de pénétrer dans le pays, mais cette faculté est rarement accordée aux Portugais. Cette porte ne s'ouvre même que certains jours, pour donner aux habitans le moyen d'acheter des provisions, et les Chinois qui les leur vendent, y mettent un prix arbitraire.

Après un court séjour à Macao, nous entrâmes dans la rade de *Quang-Tchéou-Fou*, que les Européens appellent *Canton*, c'est une des villes maritimes les plus peuplées, les plus opulentes de toute la Chine, depuis qu'à son commerce avec les royaumes voisins, elle a joint celui de l'Europe à qui les Chinois ont interdit les autres ports. C'est la capitale d'une province divisée en dix districts qui renferment autant de villes du premier ordre, et un bien plus grand nombre du second et du troisième, non compris les places fortes, etc.

Il n'est pas de plus beau spectacle que

celui des rives du *Ta-Ho*, rivière superbe qui conduit à cette grande cité. Tantôt ce sont des prairies émaillées de fleurs, entrecoupées de bocages, terminées par de petits coteaux qui s'élèvent en amphithéâtre, et sur lesquels on monte par des degrés de verdure. Tantôt ce sont des rochers couverts de mousse, des villages situés entre de petits bois, des jardins cultivés avec art, des canaux qui forment des îles, se perdent dans les terres, et laissent voir des rivages toujours fleuris, toujours rians. Les deux côtés de la rivière sont couverts d'une infinité de barques rangées par files parallèles comme des espèces de rues, qui sont les seules habitations d'un peuple innombrable. Chaque barque loge tout une famille dans divers appartemens comme ceux d'une maison, et dès le matin on voit les habitans de cette ville flottante sortir en foule, et se disperser, les uns à la ville, les autres à la campagne, pour se livrer au travail.

Nous entrâmes dans une cité immense qui est comme un composé de trois villes différentes, séparées par de hautes murailles, et dont le circuit est à peu près le même, et le nombre des habitans aussi grand que celui de Paris. Les rues en sont longues, assez étroites, alignées presque partout, et bien pavées. Les maisons sont fort serrées, et l'on y a ménagé le terrain avec beaucoup d'économie. La plupart ne sont construites que de terre, avec des accompagnemens de brique, et une couverture de tuile. La ville des Tartares, qui est du côté du nord, a de grandes places vides, et n'est que médiocrement peuplée ; mais du centre jusqu'à la ville chinoise, elle est bien bâtie, coupée par de belles rues, et ornée d'arcs de triomphe.

Le palais où s'assemblent les lettrés, celui du vice-roi, du général des troupes, et de quelques mandarins ont une sorte de magnificence, mais bien différente de celle que nous connaissons en Europe. On voit d'assez beaux temples, environnés de cellules de bonzes, qui sont les religieux du pays. La ville chinoise n'a rien de remarquable, à l'exception de quelques rues bordées de riches boutiques du côté de la rivière. Le faubourg, qui est à l'ouest, est mieux peuplé et de la plus belle apparence. Ses rues, dont le nombre est infini, sont couvertes à cause de la grande chaleur, et comme ce quartier est rempli de marchands, on croit en le parcourant se promener à Paris dans le passage du Caire, ou dans les galeries de bois du Palais-Royal.

Canton est en général si plein de monde qu'on y est arrêté à chaque pas. Les gens qui vont en chaises à porteurs, font courir devant eux un homme à cheval qui débarrasse le passage. Le peuple qui remplit les rues, et surtout les portefaix, ont les pieds, les jambes et quelquefois la tête nus. D'autres se la couvrent avec de grands chapeaux de paille, d'une forme bizarre, pour se garantir du soleil. Ils sont tous chargés de fardeaux, car on ne se sert ni de voitures, ni d'animaux pour le transport de ce qui se vend ou ce qui s'achète.

Au bout de chaque rue est une barrière qui se ferme aussitôt que le jour disparaît. Tout le monde alors est obligé de se tenir dans sa maison. Aussi le matin quand les portes s'ouvrent, et le soir avant qu'on ne les ferme, la foule de ceux qui entrent et qui sortent est si grande qu'on perd quelquefois un temps considérable à attendre son tour. Ce qu'il y a de remarquable, c'est que dans ce nombre d'allans et de venans, on ne rencontre pas une seule femme.

Les habitans de Canton sont laborieux, actifs, intelligens. L'argent qu'on y apporte des pays les plus éloignés, y attire des marchands de toutes les provinces, et l'on trouve dans cette ville tout ce qu'il y a de plus rare et de plus curieux dans tout l'empire.

Toutes les villes de la Chine ont entre elles une si grande ressemblance qu'il suffit presque d'en avoir vu une pour se faire une idée de toutes les autres. La forme en est carrée, du moins autant que le terrain le comporte. Deux grandes rues qui se croisent, la coupent du midi au septentrion, et du levant au couchant. Le centre forme une place d'où l'on aperçoit les quatre portes. Chaque portion du carré est encore coupée par de longues rues, les unes larges, les autres étroites, bordées de maisons qui n'ont que des rez-de-chaussée, et tout au plus un étage. Un fossé, un rempart, une forte muraille et des tours forment l'enceinte des villes chinoises, de celles même qu'on appelle *villes de guerre*.

Dans l'intérieur de la cité, on voit d'autres tours fort hautes, et qui le paraissent encore davantage, en raison du peu d'élévation des maisons. Dans les rues on trouve des arcs de triomphe, des temples assez beaux, des monumens en l'honneur des

VILLE CHINOISE.

grands hommes de la nation, et des édifices publics plus remarquables par leur étendue que par leur magnificence. Les boutiques sont ornées de porcelaine, d'ouvrages vernissés et d'étoffes de soie. Devant chaque porte est exposé en forme d'enseigne, un écriteau de bois enluminé, et enchassé proprement dans une bordure, sur lequel sont marquées en gros caractères les différentes sortes de marchandises dont les boutiques sont pourvues. Ces tableaux hauts de sept à huit pieds, et posés sur un piédestal, à égale distance, devant les maisons, forment une perspective aussi agréable que singulière. C'est presque en cela seul que consiste toute la beauté des villes chinoises.

L'empire en renferme environ dix-sept cents, sans y comprendre une quantité innombrable de forts, de citadelles, de bourgs et de villages, dont on peut dire que toute la Chine est couverte. Plusieurs de ces bourgades, aussi vastes et aussi peuplées que les plus grandes villes, son fermées par des murailles de terre ordinairement fort basses. Les maisons sont aussi de terre battue, et de très mince apparence. Celles des villes ne sont guère plus magnifiques. Elles n'ont point de fenêtres du côté de la rue, pour ne pas, disent les Chinois, se donner en spectacle. Les habitans élèvent même derrière la porte d'entrée un petit mur à hauteur d'appui, et y posent une espèce de paravent en bois, pour ôter à ceux qui entrent la vue de ce qui se passe dans l'intérieur des appartemens.

On ne trouve point en Chine, quand on voyage, des lits tout dressés, comme en Europe, il faut toujours porter le sien avec soi, à moins qu'on ne veuille coucher sur une natte. On ne manque pas d'hôtelleries, mais elles sont mal pourvues excepté sur les grandes routes; à cela près, l'on voyage assez agréablement : la sûreté, l'embellissement et la commodité des chemins sont des objets qui ne sont point négligés. Les chemins sont forts larges, unis et pavés. Dans plusieurs provinces on a pratiqué des passages sur les plus hautes montagnes, en applatissant leurs sommets, en coupant les rochers, et en comblant les vallées et les précipices. Les canaux, dont le pays est traversé sont bordés de quais, et dans les parties marécageuses on a élevé de longues digues pour la sûreté des voyageurs. Il y a des endroits où les routes sont comme autant d'allées, comme nos belles routes de France; d'autres sont renfermées entre deux murs fort élevés, pour empêcher qu'on entre dans la campagne. Ces murs, dans les lieux de traverse, ont des ouvertures qui aboutissent à différens villages. Les mandarins de chaque district ont ordre de veiller à l'entretien des chemins, et la moindre négligence est punie avec sévérité.

Dans les endroits fréquentés, on rencontre de distance en distance, tantôt des tours surmontées de guérites pour y loger des sentinelles, tantôt des monastères de bonzes, où l'on exerce l'hospitalité; tantôt des reposoirs en forme de grottes, où les voyageurs peuvent se mettre à l'abri de la pluie, du froid ou de la chaleur. Ces hospices agréables et commodes sont ordinairement bâtis par de vieux mandarin, qui, retirés dans leur province, cherchent à se rendre recommandables par des ouvrages utiles au public.

La Chine est pleine de canaux qui sont d'un usage infini pour l'arrosement des terres, la facilité des transports, et la commodité des voyageurs. On en voit qui s'étendent l'espace de dix lieues en droite ligne. Il y en a dont les rives sont bordées de maisons qui contiennent un nombre incroyable d'habitans. Les principaux canaux se déchargent des deux côtés dans de plus petits, qui se subdivisent en quantité de ruisseaux, communiquant à la plupart des villes et des bourgs qu'ils arrosent et qu'ils enrichissent. Mais le canal le plus remarquable est celui qui coupe la Chine du midi au nord, dans l'espace de six cents lieues, et ouvre une communication facile d'une extrémité de l'empire à l'autre. Cet ouvrage que l'on appelle le canal royal est supérieur à tout ce que l'Europe a de plus merveilleux en ce genre. Il se joint à des lacs, à des rivières dans lesquels il se perd pendant quelque temps, en sort ensuite pour reprendre son cours et se joindre de nouveau à d'autres rivières et à d'autres lacs. Sa principale destination est de fournir à la subsistance de la capitale, et à l'approvisionnement de la cour.

La première ville de la province de Quang-Tung ou Canton dans laquelle nous nous arrêtâmes, se nomme *Kao-Tchéou-Fou*. Il est à propos de vous faire connaître la signification de ces divers noms que portent un grand nombre de villes de la Chine. Celles qui se terminent en *fou* sont des cités du premier ordre, qui en ont plusieurs autres dans leur dépendance. On appelle *tcheou* celles du second rang qui président à leur tour sur des moins considérables nommées *Hien*, ou villes du troisième ordre. Les villes du premier ordre sont celles où réside un gouverneur en chef; les autres ne sont soumises qu'à un seul mandarin, quoique aussi grandes quelquefois, et aussi plus peuplées que celles du premier rang.

A une lieue de Kao-Tchéou-fou, est un célèbre monastère de bonzes, que nous allâmes visiter. On ne peut rien voir de plus agréable que sa situation, et on nous raconta des choses incroyables de son fondateur. Ce qu'on lit dans les légendes de nos plus déterminés pénitens, n'approche pas des austérités qu'on lui attribue. Tant il est vrai que, dans toutes les religions, il y a des gens qui se font du mal pour plaire à Dieu; passe encore, quand, pour le même motif, ils ne se croient pas obligés d'en faire à leur prochain.

Ces religieux doivent leur origine à

un Indien, nommé *Foë*, qui vivait longtemps avant Pythagore. Ils furent introduits à la Chine, où ils prêchèrent et répandirent la doctrine de leur instituteur, qu'ils adoraient comme un dieu. Il leur avait enseigné le dogme de la métempsychose, et toutes les absurdités qui en résultent. Il leur a laissé de plus cinq préceptes d'une obligation indispensable, savoir : de ne tuer aucune créature vivante, de ne pas s'emparer du bien d'autrui, d'éviter l'impureté, de ne jamais mentir, et de s'abstenir de l'usage du vin. A ces derniers, les bonzes en ajoutent d'autres à leur avantage. Ils tâchent de persuader au peuple, qu'il est très important pour l'autre vie de faire du bien aux religieux ; que, par ces aumônes, on rachète ses péchés, et ils menacent des plus cruels supplices, ceux qui meurent sans avoir satisfait à ce commandement. C'est ainsi que nos anciens moines damnèrent impitoyablement un roi de France qui n'avait point fondé d'abbayes ni enrichi de monastères.

Ces bonzes, si on s'en rapporte à l'extérieur, mènent la vie du monde la plus austère. Ils s'imposent de rudes pénitences dont ils font parade jusque dans les places publiques. Ils se chargent de grosses chaînes qu'ils traînent avec beaucoup de fatigues; ils se frappent la tête avec des cailloux; le peuple hébété, les regarde avec une sorte d'admiration, et s'empresse de leur faire l'aumône. Les couvens des bonzes sont très communs dans la Chine, où l'on compte plus d'un million de ces moines avares, ignorans, débauchés, hypocrites et fainéans. C'est sur les hauteurs que sont situés leurs monastères les plus célèbres. On y va de fort loin en pélerinage, et dès qu'on est arrivé au pied de la montagne, on se met à genoux, et l'on témoigne son respect par de fréquentes prosternations. Ceux qui ne peuvent entreprendre ces pieux voyages, chargent leurs amis de leur acheter des papiers imprimés ou scellés par les bonzes, sur lesquels est empreinte l'image de leur dieu. On les appelle des passe-ports pour l'autre vie, et chaque monastère a une ample provision de ces indulgences.

Le châtiment le plus usité en Chine est la bastonnade. Quand les coups de bâton ne passent pas le nombre de vingt, c'est une correction paternelle qui n'a rien de déshonorant. L'empereur traite quelquefois ainsi ses ministres et ses principaux officiers : il les voit ensuite et agit avec eux comme à l'ordinaire. Il faut très peu de chose pour mériter cette punition. Il suffit d'avoir volé une bagatelle, de s'être emporté de paroles. Si le magistrat en est instruit, il fait aussitôt appeler le délinquant, et lui fait appliquer la correction. L'instrument est une grosse canne de bambou, bois dur, lourd et massif, fendue, à demi-plate, et longue de plusieurs pieds. Le juge est assis gravement devant une table, sur laquelle est une boîte remplie de petits bâtons, longs de six à sept pouces. Au signe qu'il donne en jetant un de ces bâtons, le coupable est saisi, étendu ventre contre terre; on abaisse son haut de chausses jusqu'aux talons, et on lui applique autant de coups sur les fesses, que le magistrat a tiré de petits bâtons de la boîte. Il faut observer que quatre coups comptent pour cinq; c'est ce qu'on appelle la grace de l'empereur qui, en qualité de père tendre, diminue toujours quelque chose du châtiment. Après avoir subi la correction, le patient se met à genoux devant le juge, se courbe trois fois jusqu'à terre, et le remercie du soin qu'il veut bien prendre de son amendement.

La bastonnade est aussi le châtiment commun des sentinelles qu'on trouve endormies pendant la nuit, des écoliers, des domestiques, des gens sans aveu, et des mendians vagabonds. On rencontre en

Chine un grand nombre de ces derniers. Ces fainéans voyagent en troupes, se mêlent de dire la bonne aventure, et ne sont ni moins fripons, ni moins trompeurs que nos Bohémiens ou Égyptiens d'Europe. La plupart sont estropiés ou feignent de l'être. Les uns se couvrent l'œil d'un emplâtre, les autres se font une bouche de travers, ou se raccourcissent une jambe ou un bras. Toutes les difformités artificielles que nous voyons pratiquer par nos mendians, sont également connues et en usage en Chine. Il est vrai que le gouvernement chinois est plus sévère que celui de France à l'égard de ces sortes d'imposteurs, et la canne de bambou leur fait retrouver bien vite, l'œil, le nez, le bras et la jambe dont ils feignaient d'être privés.

Les supplices capitaux sont d'étrangler, de trancher la tête, et de tailler en pièces. Le premier est le plus commun et passe pour le plus doux; c'est celui des gens de qualité. On se sert d'une corde longue de sept à huit pieds, avec un nœud coulant qu'on passe au cou des criminels. Quelquefois, par une faveur insigne, l'empereur leur envoie un cordon de soie, et leur permet de s'étrangler eux-mêmes. Le second supplice est regardé comme le plus infâme, et n'est que pour les crimes énormes. Les Chinois pensent qu'il ne peut rien arriver de plus honteux à un homme que de ne pas conserver, en mourant, son corps aussi entier qu'il l'a reçu de la nature. Ce n'est pas ainsi qu'on pensait en France, avant l'invention de la guillotine. On ne tranchait la tête qu'à la noblesse, et la pendaison était réservée pour la roture.

La troisième espèce de punition, est celle des rebelles ou des traîtres. Elle a quelque chose de barbare dans son appareil. On attache le patient à un pilier, on lui arrache la peau de la tête, on la lui rabat sur les yeux; on lui coupe ensuite successivement toutes les parties du corps;

on lui ouvre le ventre, et l'on jette son cadavre dans un fossé ou dans la rivière. On ne dresse pas d'échafaud pour ces opérations; un criminel qui doit être décollé, se met à genoux dans une place publique, les mains liées derrière le dos; l'exécuteur s'avance, et lui abat la tête d'un seul coup. La charge de ces derniers n'a rien de flétrissant parmi les Chinois; c'est au contraire un emploi de distinction. Le bourreau de Pékin porte la ceinture jaune, qui est l'ornement des princes du sang.

Nous ne restâmes pas long-temps à *Kao-Tcheou-Fou*, parce que l'air n'y est pas sain, et qu'il y règne des maladies qui enlèvent quelquefois un grand nombre de ses habitans. Nous en partîmes pour visiter la province de Canton. Près d'un lieu appelé *Nang-Hiong-Fou*, nous vîmes sur le haut d'une montagne un chemin admirable, qui a plus d'une lieue de longueur, bordé de précipices effrayans, mais si large qu'il n'y est jamais arrivé d'accidens. C'est la route la plus fréquentée de la Chine, et l'on y voit autant de monde que dans les rues des plus grandes villes; à côté est une espèce de temple érigé à la gloire du mandarin qui l'a fait construire. Plus loin est un monument de pierre, élevé par les marchands à la gloire d'un vice-roi qui avait obtenu une diminution considérable des droits de douane.

Ce qui frappe le plus dans cette province, c'est la beauté et la magnificence de ses ponts. J'en ai remarqué un qui a au moins deux mille cinq cents pieds de longueur, et est soutenu par trois cents piliers, assez élevés pour donner passage à de grosses barques, avec leurs mâts et leurs voiles. Les deux côtés sont ornés de balustrades sur lesquelles on voit à égale distance des globes, des lions et des pyramides. On rencontre très communément des ponts de sept, huit ou neuf arches toutes de marbre; d'autres sont ornés, aux deux extrémités, d'arcs de triomphe, hauts, majestueux, et d'une parfaite exécution. Le pont du fossé qui environne à Pékin le palais de l'empereur est un ouvrage merveilleux. Il représente un dragon d'une taille extraordinaire, dont les pieds servent de piliers, le corps forme l'arche du milieu, la queue une autre, la tête une troisième. La masse entière est de jaspe noir, et toutes ses parties sont si parfaitement jointes qu'on le croirait d'une seule pièce.

Ce qu'on appelle en Chine *le pont de fer* est effectivement formé de l'assemblage de plusieurs chaînes de métal. Il est construit sur un torrent dont le lit est profond. Sur chaque bord on a élevé deux grandes masses de maçonnerie, d'où pendent plusieurs chaînes qui traversent d'une rive à l'autre, et sur lesquelles on a jeté de gros madriers. La multitude de ces ponts forme une perspective agréable dans les lieux où les canaux sont en droite ligne. Les Chinois en ont pratiqué d'admirables sur des torrens qui roulent dans les montagnes. Il y en a un qu'ils appellent *le pont volant*, parce qu'il paraît construit dans les airs ; il est d'une seule arche, ses deux extrémités sont appuyées sur des hauteurs, entre lesquelles une rivière coule dans une vallée très profonde. Sa longueur a près de six cents pieds, et la hauteur de l'arche près de sept cents. Il serait difficile de voir rien de si hardi en fait d'architecture.

Nous eûmes l'occasion d'être présentés au vice-roi de Canton, qui nous mit en relation avec tous les lettrés de cette grande ville. On appelle ainsi ceux qui, après différens examens, sont promus aux grades de licenciés, de maîtres-ès-arts et de docteurs. Il y a dans toutes les parties de l'empire des colléges où l'on prend, comme en Europe, ces divers degrés, et c'est parmi ceux qui y parviennent que l'on choisit les magistrats et les officiers civils.

Les Chinois commencent leurs études à l'âge de six ans. Le premier livre qu'on leur met dans les mains renferme une centaine de caractères qui expliquent les choses les plus communes, comme le soleil, la lune, l'homme, certains animaux, certaines plantes, une maison, quelques ustensiles familiers, et d'autres objets de cette nature. Les images de toutes ces choses, représentées au naturel, servent à leur rendre la conception plus vive, et forment comme un de ces bureaux typographiques que l'on a voulu introduire à Paris. C'est là le premier alphabet des Chinois.

On leur donne ensuite un autre livre composé de plus de mille sentences fort courtes et terminées par des rimes, pour faciliter la mémoire. L'enfant doit les apprendre toutes avant de passer à d'autres études, et s'il manque d'en retenir chaque jour un certain nombre, on le couche sur un banc, et on lui donne plusieurs coups de fouet, mais toujours sur ses habits. Dans un âge plus avancé, on les oblige de savoir par cœur un abrégé de la doctrine de Confucius, comme parmi nous le catéchisme.

Pendant qu'ils apprennent à lire, on les accoutume à tracer des lettres avec un pinceau, car les Chinois ne se servent ni de plumes comme nous, ni de roseaux comme les Arabes, ni de crayons comme les Siamois. Ils tiennent leur pinceau perpendiculairement, comme s'ils voulaient piquer le papier, et commencent de haut en bas comme les Européens. Ils ont une feuille écrite en caractères rouges qu'ils couvrent de noir, ou bien ils se servent de papier transparent dont ils font le même usage. L'art de bien peindre les lettres est ce dont on fait ici le plus de cas. On préfère une belle pièce d'écriture au tableau le plus fini. On a même, généralement, une espèce de venération pour les caractères soit imprimés, soit manuscrits. Si le hasard fait rencontrer quelque feuille écrite, on la ramasse avec soin, et l'on se garde bien de l'employer à certain usage.

Peu de nos écrivains peuvent se flatter que leurs écrits soient aussi respectés.

Après les premières études, on applique les enfans à la composition, qui consiste à amplifier une sentence dont il faut d'abord deviner et développer le sens. Il y a des prix pour ceux qui ont le mieux réusi. Quand les jeunes gens ont achevé ces études domestiques, ils commencent un nouveau cours de science, qui les met à portée de parvenir aux grades, et d'être reçus dans l'ordre auguste des lettrés ; 'cest-à-dire qu'ils recommencent avec plus d'ardeur que jamais à charger leur mémoire de caractères innombrables, et à se mettre dans l'esprit une foule de sentences que le bon sens dicte à tous les hommes. Les divers degrés par lesquels passent ces étudians, et les examens qu'ils sont obligés de subir pour arriver au doctorat, pourraient faire croire que les lettrés de la Chine sont des hommes fort instruits; mais ils ne savent réellement que lire et écrire : encore faut-il pour cela avoir étudié toute sa vie. Tant d'ignorance jointe à tant d'application, est uniquement causée par la nature de leur langue qui demande toute la vie d'un homme pour être parlée, lue et écrite avec quelque succès. Ils n'ont point comme nous, de lettres simples et d'alphabet ; autant ils ont de mots, autant ils ont de figures pour les représenter. On en fixe le nombre à seize cents, mais un seul mot peut signifier plusieurs choses différentes, par la diversité des accords et des inflexions de voix; c'est-à-dire que ce langage est une espèce de musique beaucoup plus diversifiée que les récitatifs des opéras italiens; encore n'y a-t-il que les concitoyens qui puissent s'entendre entre eux, car chaque province a son idiome ou pour mieux dire son ton particulier.

Si les Chinois sont obligés d'employer un si long temps à l'étude seule de leur langue, on peut en conclure qu'ils font peu de progrès dans les autres sciences, aussi percent-ils rarement au-delà des premiers élémens. Ils n'ont puisé dans l'arithmétique, l'astronomie, la géométrie, la physique, la géographie, la philosophie naturelle et la médecine, que les notions les plus indispensables pour les besoins journaliers. Ils n'ont jamais été et paraissent même incapables d'aller plus loin. Leur étude principale consiste dans la science des mœurs, et au fond c'est ce qu'il y a de plus digne de l'homme, et de plus utile à la société. Aussi la nation chinoise est-elle la plus sage, et peut-être, quoique païenne, la plus vertueuse de l'univers. Presque tous les empereurs ont été des hommes d'une vertu sublime, des Numa, des Solon, des Lycurgue et des Antonin; et ce qu'il y a de plus remarquable, c'est que l'humilité même, inconnue à ces philosophes, est expressément recommandée à la Chine. Elle y est regardée comme une vertu fondamentale, utile à celui qui la possède, et nécessaire parmi les hommes quoiqu'on n'en exige communément que la modestie, qui n'en est que le signe équivoque.

La morale des Chinois est la même que celle des autres nations, parce que la raison est la même dans tous les pays, et que les hommes ont dans le cœur des règles sûres et invariables pour se conduire. Elles se réduisent aux devoirs naturels des pères et des enfans, du prince et de ses sujets, des amis et des citoyens. De ces trois chefs, ils déduisent toutes les autres obligations, non-seulement pour la conduite particulière de la vie, mais pour l'ordre et la manutention des affaires de l'état. Ils sont persuadés que si les enfans sont soumis à ceux dont ils tiennent le jour, si les peuples regardent le souverain et le magistrat comme leurs pères, toute la nation ne sera qu'une famille bien réglée, et c'est là-dessus qu'est établi le fondement de leur monarchie et de leur politique.

L'autorité paternelle n'y est jamais affaiblie, et il n'y a ni âge, ni rang, ni prétexte qui puissent en dispenser les enfans. Une mère peut faire donner la bastonnade à son fils, fût-il mandarin de première classe. Ce respect filial est en telle recommandation chez les Chinois qu'un empereur, ayant exilé sa mère pour ses galanteries scandaleuses, fut forcé par ses sujets de la rappeler et de la rétablir dans son rang d'impératrice. S'il arrive, ce qui est rare, qu'un fils maltraite son père, ou que dans un moment de fureur il devienne parricide, alors la consternation et l'alarme se répandent dans toute la province; la punition s'étend sur tous les parens, et les mandarins du département sont destitués de leurs charges; sans avoir eu part au crime, ils en partagent l'ignominie. On suppose qu'ils n'ont pas assez veillé au soin des bonnes mœurs, et que le coupable ne se serait point porté à cet attentat si l'on eût réprimé ses inclinations perverses et puni sévèrement ses premières fautes.

Le second point de la morale chinoise consiste dans le respect des peuples pour leur souverain. Les premiers ministres, les plus proches parens, les frères mêmes de l'empereur ne lui parlent qu'à genoux. On se prosterne à la vue de son trône, devant sa ceinture et ses habits. Personne, de quelque qualité qu'il soit, n'ose passer à cheval ou en chaise devant la porte de son palais; dès qu'on en approche, on met pied à terre, et on ne remonte qu'à quelques pas de là. Ce respect néanmoins n'est point aveugle. Lorsque le monarque tombe dans quelques fautes, ses sujets ne manquent pas de l'en blâmer, et les mandarins de lui faire en secret de sérieuses remontrances. Mais en public ils l'honorent toujours comme si sa conduite était irréprochable, parce qu'ils regardent la soumission comme l'ame de tout bon gouvernement.

Cette maxime d'état qui oblige les peuples à rendre au prince une obéissance filiale, lui impose aussi à lui-même l'obligation de les gouverner avec une tendresse de père. C'est une opinion généralement établie parmi eux, qu'un empereur doit s'occuper tout entier des intérêts de l'état; que le ciel ne l'a pas placé dans un si haut rang pour jouir dans l'inaction des biens qui l'environnent, mais pour veiller au bonheur de ses sujets. On accoutume les souverains dès l'enfance à ne connaître aucune autre gloire, aucune autre grandeur. On ne leur parlerait d'un Achille, d'un Alexandre, d'un César, que comme de trois fléaux que le ciel dans sa colère donna à des peuples qu'il voulait punir.

Le préjugé a pris racine dans l'esprit de la nation; les empereurs et les magistrats en connaissent l'importance, et n'oublient rien de ce qui peut tendre à persuader au peuple, qu'ils ont pour lui une affection toute paternelle. C'est du plus ou moins d'habileté à jouer ce personnage, que dépend le succès de l'administration. Aussi, dans des temps de famine et de calamités, on a vu non-seulement des vice-rois et des premiers ministres, mais le monarque lui-même, s'enfermer dans leurs palais, jeûner, s'interdire tout plaisir, déchirer leurs vêtemens, confesser humblement leurs fautes, regarder les malheurs publics comme leurs propres disgraces, et supplier les chefs des conseils, les docteurs du premier rang et les censeurs de l'empire, de leur faire des remontrances par écrit sur leurs fautes personnelles, ou sur celles qui ont rapport au gouvernement. Les peuples d'Europe qui ne sont point accoutumés à de pareilles jongleries, et qui tournent quelquefois en dérision les actes de dévotion qu'affichent extérieurement les princes et les grands, auront peine à croire les faits que je viens de raconter. Ils sont cependant de la plus exacte vérité.

A l'égard des devoirs réciproques de la société qui font un autre article de la morale chinoise, on peut dire que ces peuples se traitent mutuellement avec une honnêteté qui passerait en France pour une civilité comique et ridicule. Les artisans, les domestiques, les paysans, se font des complimens. Quand des charretiers, des portefaix, des muletiers se rencontrent, et qu'ils viennent à se croiser dans un chemin étroit, au lieu de se quereller et de se battre, comme dans nos heureuses contrées, ils s'abordent poliment, se demandent pardon de l'embarras dont chacun s'accuse, se mettent à genoux les uns devant les autres, ne se séparent point sans se faire de profondes inclinations, et n'omettent aucune des pratiques aussi incommodes que puériles de la politesse chinoise. Ces usages sont presque aussi anciens, chez ces peuples, que la monarchie. Ils ont été enseignés par leurs premiers sages, dans ces livres canoniques si respectés dans tout l'empire. Tout y est marqué dans le plus grand détail : la manière de se visiter, de se saluer, de se faire des présens, d'écrire des lettres, de donner à manger, etc. Ces coutumes ont force de loi ; personne n'oserait s'en dispenser. Il existe, à Pékin, un tribunal supérieur, dont une des principales fonctions est de veiller à l'observation de toutes ces pratiques. Aussi les Chinois se piquent-ils d'être plus civils et plus sociables que les autres hommes. Quant à moi, je les regarde comme des marionnettes que le gouvernement fait mouvoir, qui n'ont point de volonté à eux, et qui n'agissent que comme de pures machines.

Après l'étude de la morale, les Chinois s'appliquent à la connaissance des faits. Nul peuple n'a été si soigneux de conserver ses annales, ni si scrupuleux sur la fidélité historique. Chaque ville publie, par la voie de l'impression, tout ce qui arrive de singulier dans son district. On y fait mention de ceux qui se sont distingués par leur mérite personnel ; les femmes mêmes ont place dans ces mémoires. Ils contiennent non seulement les événemens les plus remarquables, mais plusieurs observations curieuses sur la nature et les productions du pays, sur les mœurs et les usages des habitans. De temps en temps, les mandarins de la ville s'assemblent pour examiner ces annales, et s'ils trouvent que l'adulation ou l'ignorance ait altéré la vérité, ils y font des changemens et des corrections. Cette multitude de mémoires rend l'histoire de la Chine très volumineuse, et cette étude devient une occupation pénible, qui demande beaucoup de temps, de travail et de patience.

Indépendamment de ces annales, les Chinois ont encore ce qu'ils appellent un tribunal historique ; ce sont des écrivains chargés de consigner dans l'histoire de l'empire, les vertus et les vices du prince régnant. C'est une espèce de loi fondamentale que l'existence de cet établissement, qui n'est rien moins qu'agréable au monarque, et qu'il ne peut cependant point abolir, quelque absolue que soit son autorité. Une chose plus surprenante encore, c'est l'extrême sévérité de ce tribunal. Les menaces du souverain, la crainte des supplices, les tourmens les plus affreux, rien ne serait capable d'arrêter la plume de ceux qui le composent. Ils ont juré d'écrire la vérité, et ils l'écriront. Chargés d'observer les paroles et les actions de l'empereur, chacun d'eux en particulier, et sans en faire part aux autres, les écrit sur une feuille volante, avec la date exacte, à mesure qu'il en est instruit, signe ce qu'il a écrit, et jette cette feuille dans un bureau, par une ouverture pratiquée à ce dessein. Ce bureau ne doit jamais s'ouvrir durant la vie de l'empereur régnant, ni même tant que sa famille est sur le trône. Quand la couronne vient à passer dans une autre maison, on rassemble ces différens mémoires, et l'on en compose l'histoire de la dynastie éteinte.

C'est dans les fastes de ce tribunal que fut consignée l'action d'un usurpateur, nommé *Tsoui-Chong*. Le récit ne lui en était pas favorable. Informé d'une telle licence, il dépose le président, le condamne à mort, supprime la relation, et crée un nouveau chef. Le premier usage que celui-ci fait de sa dignité, est de dresser une nouvelle relation, aussi vraie, aussi circonstanciée que celle de son prédécesseur. Le prince, instruit de cette hardiesse, casse, dissout le tribunal et fait mourir tous ceux qui le composent. L'empire est aussitôt inondé de relations qui peignent l'usurpateur de si noires couleurs, que ce prince, menacé d'une révolte générale, ne parvint à calmer ses sujets qu'en permettant le rétablissement du tribunal historique et en lui rendant toute sa liberté.

Les Chinois n'ont ni prédicateurs ni avocats, ni conséquemment aucune idée

de ce que nous appelons pièce d'éloquence.
Ils ont peu de poèmes de longue haleine,
et de tous nos genres de versification, l'ode
est celui qui est le plus en usage ; ils ont
des vers rimés, d'autres qui ne le sont pas ;
et leur poésie ne manque en général ni
de douceur ni d'agrément. Il n'y a point
de théâtre public en Chine, la sévérité
des mœurs s'y oppose ; mais il y a des troupes de farceurs ou d'histrions qui vont
dans les maisons où on les invite, et il n'y
a que les gens riches qui soient en état de
se procurer cette espèce de délassement.
Mais il ne faut chercher, dans les comédies
chinoises, ni régularité, ni intérêt, ni
aucune sorte de vraisemblance. Telle était
chez les Grecs, la tragédie, dans son berceau, du temps de Thespis ; telles furent
en France nos anciennes farces, nos moralités, nos mystères.

La musique des Chinois, plus imparfaite
encore que leur théâtre, est d'une platitude et d'une monotonie insoutenables.

Ils ne connaissent point l'art de la noter, et ils ne l'exécutent que par routine. Ils ont des instrumens à cordes et à vent, mais ils ne connaissent qu'une seule partie qui est la même pour les instrumens et pour la voix. A l'égard de la diversité et du contraste des parties, ils les traitent de cacophonie ridicule à laquelle leur oreille ne saurait s'accoutumer.

Leur arithmétique est à proportion aussi bornée. Ils emploient cependant nos quatre règles, mais ce n'est point à l'aide de chiffres semblables aux nôtres. Ils se servent d'une petite planche traversée de haut en bas de dix à douze baguettes parallèles, qui enfilent de petites boules mobiles d'os ou d'ivoire. En assemblant ces boules ou en les séparant, ils comptent à peu près comme nous avec des jetons.

Les autres parties des mathématiques, si l'on en excepte l'astronomie, ont été entièrement inconnues aux Chinois, avant leur commerce avec les Européens. Leur géométrie est même encore aujourd'hui très superficielle, et se borne à un petit nombre de problèmes qu'ils ne savent pas résoudre géométriquement. Cependant, rien ne les a tant charmés que la connaissance des astres, l'optique et la mécanique. Ceux qui s'appliquaient à ces sciences, sous les derniers règnes, avaient leur entrée dans le palais du prince, s'approchaient librement de son trône, tandis que les plus grands seigneurs s'en tenaient éloignés, et osaient à peine le regarder à genoux. Ces peuples ont un tribunal d'astronomie, qui est un des plus considérables de l'empire. Une de ses premières fonctions est d'avertir le prince des nouveaux phénomènes qui paraissent dans le ciel. Cinq de ces astronomes s'occupent nuit et jour à observer les astres ; mais ce qui est complètement ridicule, c'est que ce tribunal soit obligé de prédire les changemens de temps, les maladies qui doivent arriver, les sécheresses, la disette des vivres, la pluie, les orages et le beau temps. On veut que ces astronomes soient en même temps et principalement astrologues. Au reste il n'y a pas de quoi s'étonner. En Europe comme à la Chine, les ignorans confondent ces deux noms. Le peuple de Paris ne s'imagine-t-il pas que ces messieurs de l'Observatoire doivent prédire la pluie, la grêle et le tonnerre, etc? Toute l'astronomie chinoise se réduit à dresser des calendriers ornés de prédictions, à peu près comme l'almanach de Mathieu Lansberg. On y marque les jours heureux et malheureux, les jours propres à se marier, à voyager, à bâtir, à demander des graces à l'empereur, et mille autres observations de cette espèce.

Il faut convenir qu'une nation qui entretient depuis plus de trois mille ans une académie pour prédire la pluie et le beau temps, doit avoir l'esprit bien borné. La moindre attention eût fait remarquer aux Chinois que les événemens ne s'accordent que très rarement et par hasard avec les prédictions de ces astrologues. Mais ce peuple est si ignorant en astronomie, que des missionnaires ayant corrigé le calendrier chinois, et retranché de l'année courante un mois intercalaire, les plus habiles ne pouvaient comprendre ce que ce mois était devenu. De graves mandarins se demandaient les uns aux autres, en quel lieu on l'avait mis en réserve, et quand il reparaîtrait? La cause du peu de progrès des Chinois dans cette science, comme dans beaucoup d'autres, est leur respect pour tout ce qui leur a été transmis par leurs pères; tout ce qui porte l'empreinte de l'antiquité est pour eux un objet de vénération, tel qu'il résiste aux progrès des connaissances les plus utiles.

Le calendrier est de tous les livres celui auquel les Chinois mettent le plus d'importance, celui qui s'imprime en plus grand nombre, et se publie avec plus de solennité. Il est toujours précédé d'un édit de l'empereur, qui défend, sous peine de mort, d'en débiter et d'en employer d'autre, ou d'y faire le moindre changement. On en imprime des millions d'exemplaires à la fois pour satisfaire à l'empressement du peuple qui l'attend avec une sorte d'impatience. Il est écrit en langue tartare et chinoise. Aussitôt que Sa Majesté a pris la peine de le lire, et de l'approuver, on en distribue par son ordre, aux princes, aux seigneurs et aux grands officiers de la cour. On en envoie aux vice-rois des provinces qui les remettent aux trésoriers généraux pour les faire réimprimer. Ceux-ci en donnent des copies aux gouverneurs subordonnés, etc. Enfin il semble que la distribution de ce calendrier soit un objet qui intéresse à la fois le ciel et la terre, tant on y met d'importance.

Ce que je vais dire n'a aucun rapport avec ce qui précède, mais je suis si ébloui de l'éclat de plus de cent mille lanternes allumées autour de moi, que je ne puis me dispenser, avant de finir cette lettre, de parler d'une fête singulière, qui se renouvelle chaque année en Chine. Elle commence le quinze de la première lune, et dure pendant quatre jours. On en célébrait jadis une pareille en Égypte; aurait-elle passé de là chez les Chinois? Ces derniers sont trop vains pour en convenir, et ne voulant rien devoir aux autres nations, ils en rapportent une origine différente. Cet usage, disent-ils, fut établi peu de temps après la fondation de l'empire, par un mandarin qui, ayant perdu sa fille sur le bord de la rivière, la chercha pendant tout une nuit. Il fit allumer à cette occasion un grand nombre de lanternes, et les habitans du canton, dont il était fort aimé, le suivirent en foule avec des flambeaux. D'autres prétendent que c'était le mandarin lui-même qui s'était noyé, et que le peuple, dont il était adoré, en fit la recherche à la lueur des lanternes. Quoi qu'il en soit, cette cérémonie se renouvela au bout de l'année, passa ensuite en coutume, et donna lieu à une fête générale qui s'est célébrée depuis dans tout l'empire.

Ce jour-là, on allume peut-être plus de cent millions de lanternes; chacun a la sienne; il y en a de diverses grandeurs. On y attache une infinité de bougies ou de lampions, et l'on y représente divers spectacles. Outre celles de la première grandeur, il y en a une infinité de petites de forme hexagone, dont chaque face est revêtue d'une soie fine et transparente, où l'on a peint différentes figures. Le même jour, il y a des feux d'artifice dans lesquels les Chinois ont excellé en tout temps. Ils ont l'art de les diversifier à l'infini, et d'y représenter toutes sortes d'objets. On y voit des arbres entiers couverts de feuilles et de fruits, des raisins, des pommes, des oranges, avec leur couleur particulière. On les prendrait pour des arbres véritables qu'on éclaire pendant la nuit.

Pendant cette fête, on donne d'autres spectacles pour l'amusement du peuple. Ici paraissent des chevaux qui galopent, des vaisseaux à la voile, des armées en marche, des rois avec leur cortége; là ce sont des assemblées de danses et de personnages qui sont mis en mouvement par des ressorts. Les mouvemens et les gestes répondent parfaitement au discours du machiniste. On croirait entendre parler les figures mêmes, qui, étant plus grandes, font plus d'illusion que nos marionnettes.

LETTRE II.

Empire Chinois. — Kiang-si. — Kiang-nan. Honan. — Schen-si. — Se-tchuen. — Koei-tcheou. — Yun-nan. — Quang-si. — Hou-quang. — Fokien. — Tché-Kiang. — Schan-si. — Villes principales. — Enterremens. — Fêtes diverses, etc.

Après un assez long séjour à Canton, nous nous dirigeâmes vers Nanking, capitale de la province de Kiang-nan, et, chemin faisant, nous eûmes soin de remarquer tout ce qui nous parut de quelque intérêt. Nous arrivâmes d'abord dans un lieu, où l'on élève les bateaux pour les faire entrer dans un canal de dix pieds plus haut que la rivière. Les Chinois ne savent pas ce que c'est que des écluses, et n'ont aucune connaissance de l'hydraulique. Tout leur art consiste à faire glisser une barque à force de bras, sur un double talus, par le moyen duquel on la guinde péniblement d'un côté, pour la précipiter de l'autre, avec les plus grands risques.

Nous aperçûmes de loin la montagne de San Van-Hab, la plus haute et la plus escarpée de toute la Chine. Ses pointes nombreuses sont cachées dans les nues. Son nom signifie *montagne volante*, et elle est ainsi appelée soit en raison de la hauteur de son sommet qui paraît s'élancer dans les airs, soit à cause d'un vieux temple qu'on dit y avoir été transporté dans une nuit. Sur presque toutes les montagnes, on aperçoit de pareils édifices, le plus souvent accompagnés d'un monastère de bonzes. Dans un de ceux que nous eûmes occasion de visiter, nous vîmes des statues gigantesques, dont l'une combat un dragon ; l'autre tient un nain sous ses pieds, avec une épée nue à la main. Dans un autre est une grande idole assise parmi de petites, et vêtue comme les anciens Romains d'une mante cramoisie qui lui tombe sur les épaules. Des deux côtés, deux terribles dragons, élevés chacun sur un pilier, paraissent siffler, et tendent le cou.

Dans le nombre des provinces chinoises, on distingue celle de *Kiang-Si*. Elle est célèbre par la belle porcelaine qui se fabrique à King-Te-Ching, bourg auquel il ne manque que des murailles pour mériter le nom de cité. Il s'étend plus d'une lieue et demie le long d'une belle rivière, et contient près d'un million d'habitans. On y compte cinq à six cents fourneaux pour la porcelaine, et, pendant la nuit, on croirait voir une ville en feu, ou une vaste fournaise percée d'une infinité de soupiraux. Il n'y a pas un individu, fût-il boîteux ou aveugle, qui ne puisse y gagner sa vie à broyer des couleurs.

Tout le monde sait que c'est aux Chinois qu'on doit l'invention de cette vaisselle précieuse et fragile, que les Portugais ont les premiers apportée en Europe. Ils l'ont appelée *porcellana*, nom qui, dans leur langue, veut dire tasse ou écuelle. L'art en est si ancien en Chine que l'on ignore qui en fut l'inventeur. On en fabrique également dans divers autres endroits de la Chine ; mais la différence est si grande qu'on l'aperçoit au premier coup-d'œil. En général la porcelaine fabriquée partout ailleurs qu'à King-Te-Ching, n'est pas plus estimée en Chine que la vaisselle de terre l'est en Europe.

La province de Kiang-Si est séparée de celle de Quang-Ton par une grande montagne sur laquelle on a pratiqué un chemin d'un peu plus d'une lieue, bordé de précipices effrayans. Un temple y est consacré à la mémoire du mandarin qui a fait exécuter ce travail. C'est un passage aussi fréquenté que les rues d'une grande ville. *Nan-Tchang-Fou,* capitale de cette province est habitée par nombre de lettrés.

Une des choses qui étonnent le plus dans les voyages, est de trouver des villes entières, des villages mêmes, et jusqu'aux grands chemins pavés de marbre. Ces chemins sont remplis de monde, comme nos villes les plus populeuses, et il y a des villages qui n'ont qu'une seule rue, où l'on compte plus de cent mille personnes. Nous découvrîmes, du grand chemin, jusqu'à vingt de ces nombreuses habitations, dans une plaine parfaitement cultivée, et terminée par une cité immense qui forme un point de vue admirable. Nous passâmes à côté d'une montagne, entourée comme une île d'une grande rivière. Elle est revêtue de belles pierres, et au sommet est une tour à plusieurs étages, environnée de pagodes et de maisons de bonzes. Au-delà paraît un grand lac où des barques sans nombre voguant à pleines voiles, offrent un autre spectacle encore plus agréable.

Le marbre est si commun dans toutes

ces contrées, que les Chinois l'emploient à revêtir les canaux ou à d'autres ouvrages publics. Cependant presque tous les villages ne sont bâtis que de terre ou de paille. Les pagodes seules sont de brique ; elles ont le faîte et le pignon chargés d'ornemens, comme d'oiseaux, de dragons, de feuillages, et sont couvertes de tuiles vernissées de vert et de bleu. On voit dans ces villages des marionnettes qui n'ont de différence avec les nôtres que les vêtemens. On rencontre aussi dans la campagne des tombeaux de forme pyramidale, accompagnés de bosquets de cyprès. Mais ce qui surtout fait plaisir à voir, ce sont de hautes montagnes cultivées jusqu'au sommet. Pour empêcher que les pluies n'emportent les terres, ou afin de retenir l'eau, on les coupe en terrasses soutenues par des murailles sèches, bâties des pierres mêmes, dont la terre était couverte. Des familles entières habitent dans des grottes, et l'on ne voit sur ces montagnes, ni arbres ni buissons. Le peu d'herbes et de bruyères qu'elles produisent est aussitôt arraché pour nourrir les bestiaux. D'autres fois il se présente des plaines charmantes, couvertes d'arbres, de blé, de troupeaux, de laboureurs, avec de grandes levées qui ont, de part et d'autre, des talus très unis. Ces levées ont ordinairement dix à douze pieds d'élévation au-dessus de la campagne, vingt-cinq à trente de largeur par le haut, et quarante par le bas.

Nous vîmes dans ce voyage un arbre étranger à l'Europe; c'est *l'arbre au suif*, qui est très commun dans certaines contrées de la Chine. Il croît à la hauteur d'un grand cerisier, et ses branches sont tortues comme celles du prunier. Il a le tronc court, et ses feuilles, coupées en forme de cœur, sont d'un rouge éclatant. Son fruit est renfermé dans une écorce dure, brune et raboteuse, qui s'ouvre lorsqu'il est mûr, comme celle de la châtaigne. Chacune de ces coques contient ordinairement trois petits noyaux, couverts d'une couche légère de graisse très blanche et assez ferme. Pour en exprimer cette matière, on pile le fruit entier, c'est-à-dire la coque avec la noix, on le fait bouillir, dans l'eau, et l'on en tire le suif qui surnage. On le mêle avec de l'huile ordinaire, pour le rendre plus flexible, et l'on en fabrique des chandelles que l'on trempe ensuite dans de la cire liquide. Cette immersion forme autour du suif une croûte légère qui l'empêche de couler. Les chandelles faites avec cette graisse seraient tout aussi bonnes que les nôtres, si les Chinois se donnaient la peine de la purifier; mais comme ils n'emploient pas beaucoup de façon, la lumière en est moins vive, et l'odeur désagréable. Ils se servent en place de mèches, d'un bâton creux et léger, qu'ils entourent de plusieurs fils faits de moëlle de jonc, ce qui donne beaucoup de fumée et affaiblit la lumière.

Une autre production, qui n'est ni moins admirable ni moins utile, est *l'arbre à cire*. Il n'est pas tout-à-fait si haut que l'autre, dont il diffère aussi par la figure de ses feuilles, plus longues que larges. Cet arbre est couvert d'une infinité d'insectes qui déposent sur ses branches des rayons de cire plus petits que ceux des abeilles, mais d'une qualité supérieure pour la blancheur et pour l'éclat. Lorsque ces insectes sont une fois accoutumés aux arbres d'un canton, ils ne les quittent jamais, sans une cause extraordinaire, et ils n'y reviennent plus dès qu'ils les ont abandonnés. On fait dans quelques provinces, un fort gros commerce de ces animaux qu'on tire des branches et du tronc de l'arbre. Au commencement du printemps, on les applique à la racine; ils montent le long de l'écorce, et pénètrent jusqu'à la moële qu'ils préparent et façonnent à leur manière. On tire enfin, dit-on, de la cire des vers même; en les faisant bouillir dans l'eau ils rendent une espèce de graisse, qui étant figée, devient cette cire blanche si estimée des Chinois.

Dans une longue route, les chemins ne sont pas toujours semés de fleurs. Nous eûmes à gravir des montagnes escarpées, dont la rampe était si tortueuse, qu'on avait été obligé de les tailler en forme d'escalier. Il avait fallu même en couper toute la pointe, qui était de roc, pour y ouvrir un passage ; mais quoique affreuses et stériles, elles laissent entre elles des intervales aussi bien cultivés que les plaines les plus fertiles.

La Chine est un pays riche, fertile, bien cultivé, gouverné par des maîtres économes et prévoyans, et cependant le peuple qui est à la fois sobre et laborieux est exposé à des famines qui font périr beaucoup de monde. Quand la récolte manque dan une province, les commandans ont recours aux greniers publics. S'ils les trouvent vides, ils envoient des mémoires au souverain, mais ces mémoires devant passer par différentes mains, parviennent tard aux pieds du trône. Aussitôt que le prince est instruit, il ordonne aux grands de s'assembler, et fait en attendant de très belles déclarations. Vient ensuite le décret des tribunaux qui a pour but de supplier sa majesté de nommer des commissaires. Il leur faut du temps pour se disposer à leur départ, et après bien des préparatifs, ils se mettent en route. Voilà, dit le peuple qui les voit passer, voilà les envoyés de la cour, qui vont nourrir telle province; ils reçoivent des louanges partout où le mal n'est pas, et ceux qui souffrent ont le temps de mourir de faim, avant que les commissaires arrivent. On donne des ordres, on va, on vient; on transporte, on paraît se donner beaucoup de mouvement, jusqu'à ce qu'il ne reste pas plus de gens affamés qu'on n'en peut secourir; alors l'abondance revient, et le pays est déchargé de bouches inutiles.

64 CHINE.

Il n'est peut-être pas de plus beau pays dans le monde que la province de *Kiang-Nan*, voisine de celle de Kiang-Si. Elle est à la fois l'une des plus fertiles et l'une des plus florissantes pour le commerce ; aussi est-elle la plus riche de toute la Chine, et paie seule plus de cent soixante millions à l'empereur. Ce qui contribue à son opulence, c'est la multitude des rivières et des canaux, la proximité de la mer, l'industrie de ses habitans ; le nombre et l'excellence de ses manufactures. La soie, les ouvrages de vernis, l'encre, le papier, tout ce qui vient de cette province est plus estimé et se vend plus cher que ce qui sort des autres parties de l'empire. On y compte cent sept villes, dont la plus considérable est Nankin.

Le premier objet qui frappe en approchant des faubourgs de cette capitale, est la fameuse tour ou clocher de porcelaine qui l'emporte sur tout ce que l'art et la dépense ont produit de plus curieux en Chine. Ce merveilleux édifice est composé de neuf étages, divisés en dehors par autant de corniches parfaitement travaillées ; on monte près de huit cents degrés pour arriver au sommet. Chaque étage a quatre fenêtres qui répondent aux quatre vents principaux, et est orné d'une galerie pleine de pagodes et de peintures. La forme de cette tour est octogone ; elle a environ quarante pieds de circuit, cinq sur chaque face. Les dehors et les devans sont revêtus de briques de diverses couleurs qui imitent la porcelaine ; et toutes les parties de ce beau monument sont liées avec tant d'art, que l'ouvrage entier paraît être d'une seule pièce. Autour des coins de chaque galerie, pendent quantité de petites cloches qui rendent un son fort agréable, lorsqu'elles sont agitées par le vent. Le sommet de la tour, si l'on en croit les habitans, est une pomme de pin d'or massif. Toute la sculpture est dorée, et l'ouvrage entier paraît de marbre et de pierre ciselée. Voilà ce que les Chinois appellent *la tour de porcelaine*, et que je nommerais plus volontiers *la tour de brique*. Elle fut construite il y a plus de trois siècles, et c'est assurément l'édifice le mieux entendu, le plus solide, le plus magnifique de tout l'Orient. Il fait partie d'un temple fameux, appelé le *temple de la reconnaissance*. Un empereur le fit construire, ainsi que la tour, pour un seigneur qui, après l'avoir bien servi dans ses armées, se retira du monde, comme Joyeuse, et se fit tondre en bonze par dévotion.

A côté de ce temple, qui est bâti hors des murs de la ville, est le monastère le plus beau, et le mieux fondé de toute la Chine. On y voit de vastes cours carrées, environnées de cellules qui font à peu près le même effet que nos chartreuses, et sont habitées par un plus grand nombre de religieux. Les statues qui ornent la pagode sont presque toutes collossales. On remarque d'abord une grande femme qui est debout, ayant à ses côtés quatre géans armés et colorés. Sur le maître-autel est un homme assis, avec un pied sur le genou. Les autres figures sont deux femmes placées dos-à-dos, avec d'autres petites idoles à leurs pieds, et une infinité de représentations monstreuses et horribles.

Nankin est sans contredit la plus grande et la plus belle ville de l'empire. La situation en est charmante, et le territoire d'une prodigieuse fertilité. La rivière qui, dans cet endroit, a plus d'une demie-lieue de largeur, se divise en une multitude de canaux qui arrosent toute la cité, et dont quelques-uns sont navigables pour la plus grande barque. Nankin a été pendant plusieurs siècle la capitale du royaume, et le séjour ordinaire des souverains; c'est ce qui lui fait donner ce nom qui veut dire *cour du midi*, comme Pékin signifie *cour du nord*. Les empereurs ont pris le parti de se fixer dans cette dernière ville, pour se mettre en garde contre les invasions des

Tartares. Nankin, qui n'est plus aujourd'hui que la résidence du gouverneur des provinces méridionales, avait autrefois une triple enceinte, dont la plus vaste était, dit-on, de seize lieues. On en voit encore quelques débris, qui ressemblent plutôt aux bornes d'une province qu'aux limites d'une capitale.

Cette ville, quoique bien déchue de sa magnificence, depuis la retraite des souverains, compte encore près de deux millions d'habitans, en y comprenant ceux qui logent dans des barques dont le port est toujours couvert. La disposition de son terrain et les montagnes qui se trouvent renfermées dans ses murs, rendent sa forme irrégulière. Il ne reste plus aucune trace de ses anciens palais; son observatoire est négligé et presque détruit; tous les temples, les tombeaux des princes, et les autres monumens ont été détruits par les Tartares dans leur première invasion. Les rues sont d'une largeur médiocre, bien pavées, les maisons basses, mais jolies; les boutiques spacieuses et richement décorées. Les Tartares y ont une garnison nombreuse, et sont en possession d'une partie de la ville, qui n'est séparée de l'autre que par un simple mur. Nankin est le séjour des plus fameux docteurs de la Chine, et la retraite ordinaire des mandarins que le gouvernement cesse d'employer. Tout ce qu'il y a de plus rare, de plus curieux, dans les autres provinces, les étoffes les plus riches, les ouvrages les plus précieux s'y trouvent rassemblées. Les bibliothèques y sont plus nombreuses et plus choisies; les librairies mieux fournies, les imprimeries meilleures, les artisans plus adroits, le peuple plus instruit et plus poli, le langage plus pur, l'accent plus délicat que dans aucun autre lieu de l'empire, sans en excepter la capitale.

Cette ville jouit d'un grand nombre de priviléges que ses nouveaux maîtres lui ont accordés, et qu'ils regardent comme le plus sûr moyen d'étouffer toute idée de révolte. Il arrivera de là que les Tartares prendront insensiblement les manières chinoises. La bonté du pays les rendra efféminés; ils laisseront croître leurs cheveux, et dans deux cents ans, il viendra d'autres Tartares du nord, guerriers et brutaux, qui ne reconnaissant plus les petits-enfans des premiers, s'empareront de la monarchie. C'est ce qu'on a déjà vu plus d'une fois; et par la situation du pays, et les mœurs des habitans, on peut, sans être prophète, ni même un grand politique, assurer que la même chose arrivera encore.

Une des grandes incommodités de la ville de Nankin, est l'odeur des excrémens qui, faute de fumier, s'enlèvent pendant le jour, dans des tonneaux, pour engraisser les terres. On y fait un gros commerce de cette marchandise, et les jardiniers achètent plus cher celle qui provient des personnes qui se nourrissent de viande, que de celles qui ne vivent que de poisson. On voit dans les rues, et le long des routes, des lieux de commodités proprement tenus, où l'on invite les paysans à satisfaire les besoins naturels. On a soin d'y avoir toujours de grands vases de terre, pour ne rien perdre de cette précieuse denrée.

Pour bien connaître les Chinois, c'est à Nankin principalement qu'il faut étudier le génie de la nation. C'est là surtout que les mœurs, la religion, les lois se sont conservés sans aucun changement ; c'est là que les anciens usages sont le plus religieusement observés. On y compte trois sectes religieuses qui sont dominantes dans le pays : celle des grands et des lettrés qui reconnaît Confucius pour son fondateur ; celle des disciples de Lao-Kiun, qui n'est plus aujourd'hui qu'un tissu d'extravagances, et celle de Foë, célèbre instituteur des bonzes et de la doctrine de la métempsychose ; de là ce principe si généralement adopté et établi parmi ses sectateurs, *d'aimer les bêtes, d'aimer les moines.*

La doctrine de Confucius est aussi la base de la religion de l'empereur, des princes, et de tout ce qui tient à la famille impériale. Elle est fondée sur la loi naturelle suivie en Chine long-temps avant la naissance de ce philosophe; mais il en a formé un corps de science qui peut se réduire aux maximes suivantes :

« Ce qu'on appelle raison dans l'homme,
« doit être considéré comme une émana-
« tion céleste et divine.

« On nomme loi, ce qui s'accorde avec
« la raison et avec la nature. La loi a été
« donnée par infusion ; c'est un don du
« ciel.

« Les passions viennent de la nature,
« et la raison doit s'appliquer à les vaincre.

« Dès que l'homme est dans l'âge de
« faire usage de sa raison, il doit former
« sa conduite sur ces trois règles : 1° ren-
« dre aux auteurs de ses jours les mêmes

« devoirs qu'il exige de ses propres en-
« fans; 2° avoir pour son prince la même
« fidélité, et pour ses supérieurs la même
« soumission qu'il est en droit d'attendre
« de ses inférieurs; 3° aimer ses égaux
« comme lui-même, et ne rien faire aux
« autres qu'il ne voudrait qu'on lui fît. »

Les livres de Lao-Kiun, pleins d'une morale saine et philosophique, contiennent plus de cinq mille sentences, dont plusieurs renferment d'excellentes vérités. Aujourd'hui, tous ses sectateurs sont infatués des visions de l'astrologie judiciaire, et des superstitions de la magie. Ils tracent sur le papier toutes sortes de caractères et de figures, et accompagnent leurs cérémonies de cris et d'effroyables hurlemens. Comme il arrive quelquefois que les événemens se trouvent conformes à leurs prédictions, ils ont une grande vogue dans la classe des ignorans; mais les lettrés en font peu de cas, et ces prétendus magiciens sont regardés par les gens d'esprit comme en France les diseurs de bonne aventure.

Depuis que les Tartares se sont emparés de la Chine, ils y ont introduit leur religion. Elle est la même que celle du royaume de Boutan. Le judaïsme, le mahométisme et le christianisme sont tolérés dans quelques contrés de la Chine. Les Juifs ont une synagogue depuis plusieurs siècles dans la province de Ho-nan. Ils sont réduits à un petit nombre de familles qui se marient entre elles, sans contracter d'alliance avec d'autres, et font, comme partout où ils sont établis, le métier de courtier et d'usurier. Les sectateurs de Mahomet ont des établissemens plus considérables, surtout dans le pays de Kiang-nan. Comme ils ne troublent personne, en fait de doctrine on les laisse tranquilles et libres dans l'exercice de leur culte. On leur permet même d'acheter des enfans chinois qu'ils élèvent dans leur religion. Les catholiques ont pendant quelque temps joué un grand rôle dans cet empire, ils étaient même admis à la cour; mais comme ils sont naturellement intolérans, et que l'esprit de ce corps est essentiellement dominant, ils se firent chasser de toutes les provinces, et le petit nombre à qui l'on permit de rester, fut scrupuleusement surveillé.

Les enterremens et les mariages sont les deux grandes affaires des Chinois ; les enterremens surtout les ruinent ; ils croiraient manquer à une obligation essentielle, s'ils ne procuraient à ceux qu'ils portent en terre une sépulture honorable. Eux-mêmes ne s'embarrassent pas de mourir, pourvu qu'ils laissent des descendans qui les pleurent dans les temps prescrits. Avant de mettre le corps dans le cercueil, on le lave, on l'embaume, on le couvre de ses plus riches habits et des marques de sa dignité. On l'expose sur une estrade, dans une salle parée, et là, les femmes et les enfans viennent se prosterner devant lui. Le troisième jour, on l'enferme dans un cercueil de bois plus ou moins précieux, vernis et doré, que le défunt, pour l'ordinaire, a eu soin de faire construire de son vivant. La prévoyance des Chinois va si loin sur cet article, qu'ils se privent des choses les plus nécessaires pendant la vie, pour se donner une bière qui leur fasse honneur après leur mort. Les bois les plus précieux y sont employés. On en trouve de tout prêts dans les boutiques des ébénistes. Il y en a de richement dorés avec divers ornemens de sculpture, qui se vendent jusqu'à trois mille francs. Un Chinois qui meurt sans s'être pourvu d'une bière, est brûlé comme un Tartare. Mais quand on est assez heureux pour se la procurer, on l'expose à la vue pendant des années entières ; on aime à s'y placer ; on essaie si on y sera à son aise ; on consulte ses amis, pour savoir si on y aura bonne grace, etc.

Lorsqu'un homme approche de la mort,

le rituel de l'empire ordonne qu'on le prenne dans son lit, et qu'on l'étende à terre, afin que sa vie finisse comme elle a commencé. C'est qu'en effet ce même rituel veut qu'on y couche les enfans, aussitôt qu'ils sont nés, pour faire connaître qu'ils doivent retourner dans le lieu d'où ils sont venus. Quand le malade ne respire plus, on lui met dans la bouche un petit bâton qui l'empêche de la fermer. Alors quelqu'un de la famille monte au sommet de la maison, avec les habits du mort, et les étend en l'air, en rappelant l'ame du défunt. Il revient ensuite auprès du cadavre, le couvre de ses vêtemens, et on le laisse trois jours dans cet état, pour voir s'il ne donnera pas quelque signe de vie.

Le jour des funérailles, les enfans, les parens et les amis du défunt accompagnent le cercueil. Les filles, les concubines et la légitime épouse, sont dans des chaises à porteurs, où personne ne les voit, mais d'où elles font entendre des cris lamentables. Le lieu de la sépulture est toujours hors des villes, dans une grotte faite exprès, consistant ordinairement en trois salles, ayant chacune une porte et un toit retroussé par les angles. Quelquefois même il y a un quatrième toit qui s'élève du milieu et se termine en pyramide. Ces grottes se construisent, autant qu'il est possible, sur des collines, ou des terrasses formées à ce dessein. Elles sont environnées de bosquets de cyprès; et ces petits bois, avec leurs grottes, fort multipliées aux environs des villes, présentent de loin un aspect qui n'est pas sans agrément. Les pauvres se contentent de couvrir le cercueil de chaume, ou d'une petite élévation de terre.

Le deuil se porte en blanc chez les Chinois; ils sont persuadés que leurs parens ne quittent la vie que pour passer dans un séjour resplendissant de lumière; et ils ont adopté cette couleur, comme plus analogue au lieu de leur destination. Les Grecs le portaient en noir, conformément à leurs idées sur le Ténare, séjour triste et sombre, où ils reléguaient après la mort les ames des trépassés. J'ignore sur quel principe nous suivons le même usage, ou pourquoi nous avons quitté la couleur de la Chine pour celle de la Grèce; car j'ai lu quelque part qu'en France le blanc marquait autrefois le grand deuil, comme on l'emploie encore aujourd'hui pour le petit deuil ; et sans remonter plus haut que le règne d'Henri III, on appelait *reines blanches,* les reines veuves de nos rois, les reines qui étaient en deuil de leurs maris.

Les devoirs qu'on rend aux morts ne se bornent pas au temps de la sépulture et au deuil. Deux sortes de cérémonies s'observent tous les ans. Les premières se pratiquent dans la salle des ancêtres à certains mois de l'année, et il n'y a point de famille qui n'ait une pièce destinée à cet usage. Là se rendent toutes les branches d'une même souche, composées quelquefois de sept à huit mille personnes, sans aucune distinction de rang. L'artisan, le lettré, le laboureur, le mandarin, sont confondus, et ne se méconnaissent pas. Le plus âgé, fût-il le plus pauvre, a la première place. Sur une longue table chargée de gradins, est l'image, ou du moins le nom des principaux ancêtres, avec ceux des hommes et des femmes issus de la même famille, rangés des deux côtés, et écrits sur de petites planches, hautes d'un pied, avec l'âge, la qualité, l'emploi de chacun, le jour et l'année de leur mort ; de sorte qu'un Chinois peut dire aussi : *Non omnis moriar.*

Tous les parens s'assemblent au printemps, et quelquefois en automne ; on fait préparer un festin avec des illuminations. Ceux qui n'ont pas le moyen d'avoir une salle destinée à cet usage, placent le nom de leurs ancêtres dans le plus bel endroit de la maison. Les autres cérémonies se pratiquent dans le lieu même de la sépulture. On commence par arracher les herbes et les broussailles qui l'environnent, puis les parens mettent sur la tombe du pain, du vin et des viandes, qui leur servent ensuite à se régaler. Après le repas, on se prosterne devant le tombeau, et le chef répond à cette civilité par des démonstrations, mais en observant un profond silence. Les bonzes qui ont introduit l'idolâtrie dans cet empire, ne pouvaient manquer de mêler à ces usages plusieurs pratiques superstitieuses, très éloignées de la véritable doctrine des Chinois; mais elles n'ont de crédit que parmi la multitude ignorante qui suit encore leur secte absurde.

Pour vous distraire de ces idées tristes et lugubres, je passe aux mariages de la Chine. On y épouse une femme sans l'avoir vue, et elle n'apporte point de dot. Un mariage se traite comme une intrigue de galanterie; on a recours à de vieilles entremetteuses, dont le métier est de procurer aux filles des établissemens, et au témoignage desquelles on est obligé de s'en rapporter sur la beauté, l'esprit, les talens de l'épouse future. On ne consulte point les inclinations des enfans; le choix d'une femme appartient à leurs parens qui sont les seuls maîtres absolus des conditions. On ne l'obtient qu'avec des présens, ou moyennant une somme d'argent qui sert à acheter le trousseau. Quand les articles sont dressés, les présens envoyés, les sommes payées, chaque famille s'assemble séparément dans une espèce de chapelle domestique, pour y pratiquer quelques usages de religion. Le chef s'incline respectueusement devant les noms de ses ancêtres, invoque leurs mânes, leur fait part du mariage projeté, en lisant les articles du contrat, et jette dans un brasier préparé, le papier sur lequel ces articles sont écrits.

Le jour des noces, on fait entrer la mariée dans une chaise magnifiquement ornée, et on l'y renferme. Les présens l'accompagnent au milieu des fifres, des hauts-bois et des tambours; elle est suivie de ses parens et des amis de la famille. Une personne de confiance porte la clef de la chaise, et la remet à l'époux qui l'attend avec impatience, et l'ouvre avec empressement. C'est alors qu'il juge de sa bonne ou de sa mauvaise fortune. Il arrive quelquefois que la laideur de la fille lui fait refermer bien vite la voiture, et que la jeune personne est renvoyée à ses parens; en ce cas, les présens sont perdus pour celui qui les a faits.

Mais si l'épouse est agréable, le marié lui donne la main, et la conduit dans une salle, où il a fait préparer un festin. Là se pratiquent certaines cérémonies qui mettent le sceau à leur union. D'abord ils se lavent les mains dos à dos; ensuite la mariée fait quatre révérences à l'époux qui ne lui en rend que deux. Ils versent à terre l'un et l'autre quelques gouttes de vin, mettent à part un peu de viande, s'invitent à boire et à manger, et se servent tour-à-tour de la même tasse.

Le soir on conduit la jeune épouse dans l'appartement de son mari, où l'on a mis sur une table des ciseaux, du fil et du coton, pour indiquer qu'elle doit s'adonner au travail. En France, où l'on est plus galant, elle trouve dans une corbeille, des fleurs, des rubans, des eaux, des pommades d'odeur, des pots de rouge, etc., pour montrer qu'elle doit aimer la parure et la coquetterie.

On nous a dit qu'avant la domination des Tartares, on observait une coutume assez singulière, lorsqu'il était question de marier l'empereur, ou l'héritier de la couronne; le tribunal des rites nommait des matrones pour choisir, sans aucun égard à la naissance, les vingt plus belles filles de l'empire. On les transportait au palais dans des chaises bien fermées, et là elles étaient visitées par la mère du prince, et une des premières dames de la cour, qui examinaient avec soin toutes les parties de leur corps. On prenait garde, si leur haleine était mauvaise, ou si elles n'avaient point quelque défaut secret qui pût les rendre moins agréables au monarque. Après des épreuves réitérées, on choisissait une de ces filles que l'on présentait au prince, avec beaucoup de formalités; les dix-neuf autres étaient mariées aux premiers seigneurs de l'état.

On suivait à peu près la même méthode pour le mariage des princesses. On assemblait un certain nombre de jeunes garçons beaux et bien faits que l'on conduisait à l'empereur, et il choisissait dans cette troupe des maris pour ses filles. Ces coutumes ne subsistent plus. Aujourd'hui on marie les princesses royales à des kans de Tartarie, ou à des seigneurs de l'empire; et les empereurs prennent pour eux des femmes dans les mêmes familles.

Il est permis à tous les Chinois de joindre à une femme légitime plusieurs femmes du second ordre. On les reçoit dans la maison sans presque aucune formalité. On donne une somme aux parens; on promet par écrit de bien traiter leur fille, et cela suffit. Ces concubines sont toutes soumises à la véritable épouse, et les enfans qui en naissent sont censés lui appartenir.

Les divorces son rares en Chine, cependant il est permis en plusieurs cas, et même pour des causes assez légères; car ces peuples ont pour maxime que retenir de force deux cœurs qui s'éloignent, c'est attacher un corps vivant à un cadavre. Les femmes chinoises vivent très retirées, et ne paraissent jamais en public. Leur appartement est fermé à tous les hommes, même à leur beau-père, à qui il n'est pas permis de voir le visage de sa bru, quoiqu'il vive dans la même maison. Cette permission ne s'accorde qu'aux parens qui sont plus jeunes qu'elles, parce qu'on ne les suppose pas encore capables d'une hardiesse offensante.

On donne aux enfans, au moment de la naissance, le nom commun à la famille, et un mois après on y en joint un autre, appelé *le nom de lait.* C'est ordinairement celui d'une fleur, ou de quelque joli animal. Ils en reçoivent un aussi lorsqu'ils commencent leurs études, un autre lorsqu'ils les finissent; un autre enfin quand ils parviennent à quelque emploi considérable, et ce dernier est le seul qu'ils conservent.

En Chine ceux qui donnent à manger ne se bornent pas comme en Europe à une simple invitation. On en fait trois par écrit. Une la veille, une autre le jour du repas, et le troisième au moment de se mettre à table. La salle du festin est ornée d'un grand nombre de vases de fleurs, et de tout ce qui peut flatter agréablement la vue. Chaque convive a sa table particulière, et chaque table est servie de la même façon. Elles sont rangées sur deux lignes qui se font face; ainsi les conviés sont placés les uns vis-à-vis des autres, et peuvent se voir et se parler aisément.

Dès que l'amphytrion a introduit les convives, il les salue les uns après les autres, prend une coupe, la remplit de vin, la lève aussi haut qu'il peut, la répand à terre, et reconnaît, par cet hommage, que c'est du ciel qu'il tient tout ce qu'il possède. Contre l'usage des Orientaux qui mangent sur des sophas, les jambes croisées, les Chinois ont des chaises comme nous, mais ce n'est qu'après bien des révérences, bien des façons, bien des complimens, bien des cérémonies, que tout le monde se trouve assis.

Lorsque chacun est à table, on commence par boire du vin pur; tous les convives prennent la tasse qui leur est destinée, la tiennent des deux mains, la lèvent jusqu'au front, la baissent aussitôt un peu plus bas que l'estomac, la portent lentement à la bouche, et boivent à trois ou quatre reprises. Tandis que tout le monde est ainsi occupé, on sert des plats de viande. On peut dire que les Chinois ne sont pas délicats; le riz, les pois, les carottes, et autres légumes, composent leur nourriture ordinaire. Ils mangent même sans répugnance de la chair de cheval, de chameau, d'âne et de chien. Les mets favoris sont la viande de porc, la chair des jumens sauvages, les huîtres, les pieds d'ours, les nerfs de cerf, etc. Les potages sont excellens; on les fait avec de la graisse de cochon, qui est d'un goût admirable dans ce pays, ou de coulis de différentes espèces de viande. Les hachis sont cuits dans ces divers jus.

On n'emploie ici ni cuillères ni fourchettes; on a de petits bâtons d'ébène ou d'ivoire, dont on se sert fort adroitement. Tous les plats sont de porcelaine. Quand on en est aux fruits, on change les tasses;

on en prend de plus grandes, et les domestiques sont attentifs à les remplir de vin chaud, car on n'en boit point d'autre en Chine, même en été ; comme on y mange toujours froid, même en hiver. Le vin chinois n'est pas comme le nôtre, fait avec du raisin, mais avec du riz, du froment, du millet ou du sarrasin qui, brassés, donnent une liqueur très forte.

Dans les devoirs de civilité, dans les visites, dans les lettres, on observe aussi nombre de cérémonies; car ce peuple poli, complimenteur, adroit et charlatan, met tous les devoirs en étiquette, toute la morale en simagrées, et ne connaît guère d'autre humanité que des salutations et des révérences. Le rituel de la Chine est un vrai Code de lois sur la manière dont on doit agir avec ses égaux et ses supérieurs. On considère la politesse, non comme un commerce frivole d'égards et de complimens, mais comme le lien le plus ferme de la société, et un moyen de conserver l'union et la subordination parmi les hommes. En conséquence, le gouvernement s'est toujours appliqué à maintenir, même dans le peuple, une certaine habitude de civilité et de bienséance que nous trouverions ridicules, et dont la variété exige une véritable étude; mais tout cela est consigné dans le rituel, et fait partie essentielle de l'éducation. On se salue en Chine, on se complimente de la même manière, avec les mêmes expressions, les mêmes gestes, les mêmes révérences qu'il y a trois mille ans.

C'est principalement dans les fêtes que l'étiquette est ennuyeuse et fatigante. J'ai parlé de la cérémonie des lanternes; celles de la nouvelle année consistent, comme parmi nous, à se visiter, à se faire des présens; c'est un temps de joie et de plaisir. Les affaires cessent, les postes sont arrêtées, les tribunaux fermés; les officiers quittent leurs fonctions, enfin, on se divertit comme en France, au carnaval.

Les gens de la campagne célèbrent une autre fête à l'entrée du printemps. Ils promènent dans les champs une vache de terre cuite, d'une grosseur monstrueuse, que cinquante hommes ont de la peine à tirer. Derrière cette figure est un enfant qui a un pied chaussé et l'autre nu; il frappe l'animal d'une verge, comme pour le faire aller plus vite. C'est, dit-on, le symbole de la diligence et du travail. Les gouverneurs des villes sortent de leurs palais précédés de flambeaux et d'étendards, et au bruit de divers instrumens. Leur cortége est composé de litières peintes, avec le portrait des personnes célèbres dont l'agriculture a ressenti les bienfaits. Les rues sont tendues de tapisseries, on élève des arcs de triomphe, on suspend des lanternes, et toute la ville est illuminée. La grande vache est escortée par des paysans qui traînent à sa suite les instrumens du labourage. Cette procession se rend au palais du gouverneur; là on brise l'animal, et l'on tire de son ventre quantité de petites vaches d'argile qui se distribuent aux assistans. L'éloge de l'agriculture prononcé par le mandarin fait la clôture de cette fête. On en attribue l'origine à un empereur qui, voyant ses états minés par les guerres, donna l'exemple du travail, en labourant lui-même les terres de la couronne, et mit les grands dans la nécessité de l'imiter.

Vers le temps de cette même fête, le prince conduit solennellement une charrue, et ouvre quelques sillons pour animer l'agriculture. Cette cérémonie se fait avec une pompe digne de son objet. Le monarque s'y prépare par trois jours de continence et de jeûnes. On assemble ensuite des laboureurs respectables par leur âge, qui doivent être présens lorsque Sa Majesté met la main à la charrue. De jeunes paysans disposent les instrumens du labourage; et l'empereur, vêtu de ses habits royaux, se rend avec toute sa cour, au lieu assigné. Il prend la charrue, fait quelques sillons, et est imité par quelques seigneurs de sa suite. Il sème ensuite différentes sortes de grains, et pendant ce temps-là toute la cour attentive garde un profond silence. Le jour suivant, les paysans qui ont accompagné le prince, labourent le reste du champ; et la fête se termine par des présens que le monarque leur distribue.

Il n'est point de pays où l'agriculture soit aussi considérée qu'en Chine. C'est un principe reconnu, que la culture des terres a des rapports avec toutes les parties de l'état; il n'en est aucune qui n'en dépende et qui ne lui doive son origine. Simple dans son principe, elle paraît d'abord peu importante; mais quand on la regarde avec attention, on la voit, comme ces humbles coteaux qui s'élèvent insensiblement, et se terminent comme des montagnes qui se perdent dans les nues. Alimens, population, arts, commerce, navigation, armée, revenus, richesses, tout marche à la suite de l'agriculture; plus elle est florissante, plus un empire a de force et de vigueur.

L'importance que l'on met à cet art dans l'empire chinois est portée si loin, que chaque année on élève à la qualité de mandarin le laboureur qui s'est le plus distingué dans sa profession. On ménage cette classe d'hommes rustiques, mais nécessaires, comme la plus précieuse et la plus utile portion de l'état. Ces belles maximes que l'on entend répéter sans cesse dans plus d'un pays de l'Europe, qu'abandonné à l'aisance, il est à craindre que le paysan ne devienne insolent; qu'il n'est soumis au joug de l'obéissance, qu'autant qu'il est accablé sous le poids du travail; qu'une fois accoutumé à la dépendance, il s'y pliera par habitude; qu'il faut le surcharger pour l'empêcher de se plaindre, et que ce n'est qu'en multipliant les impôts, qu'on parvient à le contenir dans ce degré de misère, qui est le plus fort rempart contre la rébellion : ces principes affreux d'un gouvernement tyrannique seraient regardés en Chine comme autant de blasphèmes qu'on punirait du dernier supplice. Aussi ne voit-on pas, dans ces heureuses contrées, l'habitant de la campagne, accablé, avili, la tête courbée comme son bœuf, tracer un dur sillon, tomber épuisé en implorant en vain une parcelle des biens qu'il a fait naître, et lutter éternellement contre de vils tyrans qui viennent piller ses foyers, et imposer des tributs à son extrême indigence.

Chaque année les docteurs et les lettrés de la Chine célèbrent une autre fête dont toutes les circonstances sont détaillées dans le grand livre du cérémonial; c'est une espèce de culte rendu à Confucius. On s'assemble dans une salle, où, après bien des salutations, des prosternations, on place sur une table du vin, des fruits, des fleurs, des légumes, des flambeaux et des parfums, qu'on présente successivement devant l'image du philosophe. On chante en son honneur des vers, accompagnés du son des instrumens; on prononce son panégyrique, on vante son savoir, sa sagesse, l'excellence de sa morale, et tout cela est suivi de nouvelles révérences, et de complimens mutuels entre les mandarins.

On passe de là dans une autre salle où l'on rend aussi des honneurs aux anciens gouverneurs des villes, aux commandans des provinces qui se sont distingués dans l'exercice de leurs emplois. Enfin on entre dans un lieu où sont exposés les noms des citoyens révérés pour leurs vertus, et chacun d'eux reçoit des salutations proportionnées à son mérite.

Outre ces fêtes générales, il en est de particulières qui se célèbrent avec une pompe et une solennité extraordinaires. De ce nombre est celle que les empereurs donnent à leurs mères, quand elles ont atteint leur soixantième année. Celle des eaux est aussi très célèbre. Elle arrive le cinquième jour de la cinquième lune, qui répond à notre mois de juin. On orne les maisons de feuillages, on se fait réciproquement des visites ; la jeunesse montée sur de riches gondoles, construites en forme de dragons, court les fleuves et les rivières, se joue sur l'eau, s'y exerce, lutte d'adresse, de vitesse et de force, et les vainqueurs reçoivent des prix.

Nous avons fait ici la connaissance d'un Anglais qui avait déjà parcouru diverses contrées de ce vaste état, et qui a bien voulu nous communiquer la relation de ses voyages. Elle commence par le *Ho-Nan*, la plus riante et la plus précieuse province de cet empire. Les Chinois l'appellent *la fleur* ou *le jardin de la Chine*. La capitale, nommée *Key-Fong-Fou*, est située dans un lieu si bas, que la rivière est plus haute que la ville. On y construit des digues qui règnent dans l'espace de trente lieues. Cette rivière, et toutes celles de la province, sont remplies de poissons, parmi lesquels il s'en trouve un semblable au crocodile, dont la graisse, une fois enflammée, se consume sans qu'on puisse l'éteindre. La ville d'Ho-Nan-Fou est placée au centre de l'empire. Dans une autre ville de sa dépendance existe une tour que le fameux Cheoukong, qui vivait plus de mille ans avant l'ère chrétienne, fit bâtir, pour y faire ses observations astronomiques. On y garde encore un instrument qui servit à découvrir la méridienne. Les Chinois attribuent à ce savant l'invention de la boussole.

Il n'est point de pays où les étrangers soient mieux reçus que dans la province de *Schen-Si*, ni où les habitans aient plus de douceur et de politesse. Elle passe pour la plus grande de la Chine; c'est aussi une des plus fertiles. L'air y est tempéré. Les empereurs y ont fait leur résidence pendant plusieurs siècles. Les habitans de cette province sont plus robustes, plus braves, et d'une plus belle taille que les autres Chinois. On y trouve quantité de plantes médicinales. Les montagnes nourrissent beaucoup de bétail, et surtout des mulets. Elle renferme plusieurs mines d'or, mais il est défendu d'y fouiller, pour ne pas détourner le peuple des travaux de la campagne. On permet seulement de chercher ce métal dans les rivières qui en enlèvent une si grande quantité, que beaucoup de gens en tirent leur subsistance.

Les autres productions particulières à cette province sont la rhubarbe, le musc, des bois parfumés, et une sorte de chauves-souris d'une grosseur extraordinaire, dont les habitans trouvent la chair plus délicate que celle du poulet. Certaines montagnes distillent une liqueur bitumineuse, appelée *huile de pierre*, qui sert pour les lampes. L'oiseau qu'on nomme *poule d'or*, et dont on vante la beauté, est aussi fort commun dans ce pays. L'Europe n'en a point qui lui ressemble. Le mélange de rouge et de jaune qui forme sa couleur, la plume qui s'élève sur sa tête, l'ombrage de sa queue, et les nuances de ses ailes, semblent lui donner la préférence sur tout ce que la nature a produit en ce genre. Il en est un autre comparable à nos faucons de la plus belle espèce, mais plus vif et plus courageux. Il est si estimé en Chine, que dès qu'on en a pris un, on est obligé de le porter à la cour. C'est encore ici que croît une certaine rose appelée *la reine des fleurs*. Les Chinois en font l'ornement de leurs jardins.

Sin-guan-fou, capitale de cette province, est une des plus belles villes, des plus grandes, et des mieux peuplées de la Chine. On y voit encore les restes d'un vieux palais, qui servait de demeure aux anciens rois du pays, lorsque ce district formait un état particulier. On nous fit re.marquer un tombeau que les habitans prennent pour celui de Fo-Hi. Si cette tradition n'est pas fabuleuse, c'est, sans contredit, le plus ancien monument qui existe dans le monde.

En tournant au sud-ouest, on entre dans le *Se-Tchuen* qui produit une espèce de poule que les dames chinoises élèvent par amusement; elles sont petites, ont les pieds courts, et sont revêtues de laine au lieu de plumes. Il y a, dans cette même province, des rivières auxquelles on a reconnu des propriétés remarquables. L'une procure au velours un lustre et un éclat inimitables; l'autre est très estimée par la trempe excellente qu'elle donne aux instrumens de fer. Mais ce qui distingue principalement le Se-Tchuen, c'est la qualité merveilleuse de sa rhubarbe, la meilleure de toutes les espèces connues. Comme cette plante est d'un grand usage en Europe, les habitans de la Bulgarie font ici de fréquens voyages pour s'en procurer. Ils la transportent dans leur pays, d'où elle passe dans les ports de la Méditerranée. Mais le plus grand entrepôt est à Pékin ; de là, on la distribue dans tous les ports que fréquentent les marchands européens. Celle des Russes est réputée la meilleure, parce qu'ils mettent plus de soin dans le choix, et rejettent tout ce qui est vermoulu, noir ou corrompu.

La rhubarbe s'apporte en morceaux assez gros, inégaux, de la longueur de trois à quatre pouces, et de la grosseur de trois ou quatre doigts. Elle est assez pesante, jaunâtre en dehors, marbrée intérieurement, d'un goût amer, d'une odeur de drogue, et donnant à l'eau une teinture de safran. La plante entière est une racine arrondie, rameuse, du sommet de laquelle naissent plusieurs feuilles couchées sur la terre, disposées en rond, les unes sur les autres. Les feuilles sont très grandes, vertes et taillées en forme de cœur. De leur milieu s'élève une tige anguleuse, cannelée, haute d'un pied et demi, portant de petites fleurs qui ressemblent à celles du cerisier, et à chacune desquelles succède une graine pointue, triangulaire, qui mûrit en août. La plante pousse au printemps, fleurit au mois de juin. L'hiver est la saison propre à la tirer de terre, avant que de nouvelles feuilles commencent à paraître.

Une autre production digne de l'attention des voyageurs, dans la province de Se-Tchuen, est l'arbre au vernis, très commun aussi dans plusieurs autres parties de l'empire. Cet arbre, que les gens du pays appellent *Tsi-chou*, s'élève à une moyenne hauteur, et ne porte ni fleurs, ni fruits. Son écorce tire sur le gris; ses feuilles ressemblent à celles du frêne. Il croît naturellement sur les montagnes, mais on le cultive aussi dans les plaines. Les habitans en retirent, par incision, une liqueur qui est ce beau vernis de la Chine, que nous trouvons si parfait, et dont le secret est d'autant plus inimitable que c'est une production de la nature, et non une composition de l'art.

On fait à l'arbre trois ou quatre légères entailles sur l'écorce, et l'on place au-dessous une coquille pour recevoir la liqueur. Ce n'est d'abord qu'un substance claire et liquide; exposée à l'air, sa surface prend une couleur rousse, et peu à peu elle devient noire. L'été est la saison propre à la recueillir, et l'on trouve avoir fait une bonne récolte, lorsque mille arbres en donnent vingt à vingt-quatre livres dans une nuit. Quand on en a une certaine quantité, on la passe dans une grosse toile, que l'on tord ensuite pour en exprimer toutes les parties fluides ; le marc est employé pour plusieurs remèdes par la médecine. La qualité de cette gomme est si maligne, que ceux qui la transvasent sont obligés d'user de moyens préservatifs, comme de tourner la tête, de se servir de masque, d'avoir des gants, et un plastron de peau devant l'estomac. Cette résine prend toutes les couleurs qu'on y mêle, et sa solidité répond à son éclat; et c'est ce vernis seul qui met à si haut prix les coffres et autres objets qu'on apporte en Europe.

Tching-tou-fou, capitale de la province de Se-Tchuen, était autrefois une des plus belles villes de l'empire, mais ayant été ruinée durant les guerres civiles en 1446, elle a perdu beaucoup de son ancienne splendeur. Néanmoins elle est très peuplée et très commerçante. Sa position, dans une île que forment plusieurs rivières, est charmante.

Toutes les provinces de l'empire chinois ne sont pas également favorisées de la nature. Celle de *Koei-Tcheou* est si pauvre, si stérile, que l'état, loin d'en tirer aucun avantage, est obligé de nourrir le peuple qui l'habite. Ces gens sont peu civilisés, et n'ont presque aucune communication avec les autres Chinois. Ils vivent dans les montagnes, à la manière des sauvages, et la plupart ne connaissent point de maîtres. Il y a cependant dans ces montagnes des mines d'or, d'argent, d'étain, de cuivre et de mercure. C'est en partie de cette province qu'on tire le cuivre dont on fait la petite monnaie qui a cours dans tout l'empire. Elle produit aussi les meilleurs chevaux de toute la Chine.

Koei-yang-fou capitale de cette province ne saurait être ni belle, ni florissante; elle a à peine une lieue de circuit. Ses maisons sont en partie de terre et en partie de briques. C'est une des plus petites et des moins agréables de la Chine. Les habitans, quoique moins grossiers que ceux de la province, vivent dans une ignorance absolue des sciences chinoises.

Il n'en est pas ainsi du pays d'*Yun-nan;* c'est un des plus beaux et des plus riches. Les derniers paysans y ont plus de politesse, d'égards, d'attachement aux bienséances, de douceur et d'humanité qu'il n'y en a peut-être en Europe dans la classe la mieux élevée. La régularité, la grandeur des villes, la simplicité des maisons particulières, la magnificence des édifices publics, l'extérieur sage et doux des peuples, le commerce continuel de bons offices, le bon ordre au milieu d'un mouvement perpétuel, l'industrie toujours en activité, l'art de cultiver les terres, leurs productions, l'amour constant de la nation pour le prince qui la gouverne, pour les lois qui la dirigent; le respect inviolable du monarque pour le droit de propriété de ses sujets, pour le contrat social qui l'a mis sur le trône; l'autorité paternelle qui commande avec bonté, la soumission filiale qui obéit avec tendresse; telles sont les merveilles que l'on ne se lasse point d'admirer, et dont les mœurs chinoises offrent partout des exemples.

La province d'Yun-nan est arrosée d'une multitude de lacs et de rivières qui y répandent une fertilité admirable. L'or que les torrens entraînent des montagnes, mêlé avec le sable, peut faire conjecturer qu'elles renferment de riches mines de ce métal. Outre le cuivre commun elles en produisent d'une autre espèce que l'on nomme *pentong*, ou cuivre blanc. Il a la même couleur que l'argent, et s'il était moins cassant et moins aigre, on distinguerait difficilement ces deux métaux. Cette même province fournit aussi de l'ambre rouge, des rubis, des saphirs, des agates, du musc, de la soie, du benjoin, et de ces beaux marbres jaspés qui représentent des montagnes, des fleurs, des arbres, des rivières, etc. Les couleurs sont si vives, si naturelles qu'on les prendrait pour l'ouvrage des plus habiles peintres. Ce pays produit encore une petite espèce de cerfs, pas plus gros que des chiens, qui servent d'amusement aux personnes riches.

La province d'Yun-nan avoisine les royaumes d'Ava, de Pégu, de Laos et de

Tunquin. La nation qui dominait autrefois dans l'Yun-nan se nommait Lo-Lo ; elle était gouvernée par divers souverains. Après de longues guerres entreprises pour les soumettre, les Chinois prirent le parti de conférer aux seigneurs Lo-Los tous les honneurs des mandarins de la Chine, avec le droit de succession pour leurs descendans, à condition qu'ils reconnaîtraient l'autorité du gouverneur chinois de la province, qu'ils recevraient de l'empereur l'investiture de leurs terres, et ne feraient aucun acte sans son consentement.

La capitale, appelée *Yun-nan-fou*, est bâtie sur les bords d'un lac profond et très large. Elle a été long-temps la résidence d'un prince chinois vassal. On y fabrique des satins et des tapis ; le commerce des métaux doit y être considérable.

La province de *Quang-Si* est recommandable par la quantité de ces arbres à cire dont j'ai déjà parlé, par la richesse de ses mines d'or, par l'excellence de sa cannelle, dont l'odeur est plus agréable que celle de Ceylan ; par les meilleures pierres pour la composition de l'encre de la Chine ; par certains oiseaux dont le plumage entre dans le tissu des étoffes de soie ; par une rivière dont l'eau est propre à détacher les habits, à aiguiser les outils de fer ; enfin, par une abondance de riz telle, qu'elle en fournit pendant six mois à la province de Canton. Cependant elle n'est bien cultivée que dans les plaines du midi, où l'air est plus doux ; vers le nord, elle ne présente que des terres incultes et des montagnes couvertes d'épaisses forêts. Les peuples de Quang-Si passent pour barbares dans l'esprit des Chinois, parce qu'il y a dans leurs mœurs une certaine rudesse bien éloignée de la douceur et des manières cérémonieuses des Chinois. Quei-Ling-Fou, capitale, située sur l'Eta, au milieu de hautes montagnes, est une place fortifiée. On y fabrique la meilleure encre de la Chine, et il s'y fait un assez grand commerce de soieries.

Au centre de l'empire est la province de *Hou-Quang*. Elle est si fertile qu'on l'appelle le *grenier de la Chine*. On y trouve la même abondance en volaille, en bestiaux, en fruits et en légumes. Elle a presque la même étendue que la France, et *Vou-Chang-Fou*, sa capitale, le cède à peine à Paris pour la grandeur, en y comprenant une autre ville qui n'en est séparée que par la rivière, à la vérité six fois large comme la Seine, et assez profonde pour recevoir les plus grands vaisseaux. Cette ville est très commerçante, et fait un débit prodigieux du papier de bambou qui s'y fabrique.

La province de Fokien, quoique petite, est regardée comme une des plus intéressantes de l'empire, à cause de sa situation qui favorise le commerce qu'elle fait aux îles Philippines, au Japon, à Java, à Siam, etc. Ses montagnes, couvertes de forêts, lui fournissent des bois de construction ; d'autres, taillées en amphithéâtre, du pied au sommet, et partagées en terrasses, s'élèvent par étages. On y pratique des réservoirs, où se ramassent les eaux de pluie, et souvent la rivière même, qui baigne le pied de la colline, en arrose la cime, par un effet de cette industrie, qui, simplifiant et multipliant les machines, diminue le nombre des bras et le travail des hommes.

Outre les productions communes aux autres contrées, on trouve dans celle-ci un certain fruit dont l'espèce nous est inconnue, et qui passe pour le meilleur, le plus délicieux du monde. On l'appelle *li-chi*, et il est à peu près de la forme d'une datte. Son noyau est de la même longueur, aussi dur et noir comme du jais. Il est couvert d'une chair tendre, pleine de suc, dont l'intérieur est blanc comme la neige, et d'un parfum exquis; mais il se perd en partie, lorsque le li-chi devient sec, noir, et se ride comme un pruneau. C'est le roi des fruits, selon les Chinois, et quoique très abondant, il n'en est ni moins recherché, ni moins estimé. Mais ce qui distingue surtout cette province, c'est l'excellence de son thé, le meilleur qui croisse dans toute la Chine, où l'on en distingue plusieurs espèces qui ont divers noms suivant le pays qui les produit, et auxquelles la qualité du sol et du climat apporte des différences sensibles. On consomme ici une prodigieuse quantité de cette denrée ; c'est la boisson ordinaire du pays, même pendant le repas. Les Chinois le boivent sans sucre.

Fou-Tcheou-Fou, la capitale de cette province, est surtout célèbre par sa situation, par le grand commerce qui s'y fait, par la multitude de ses lettrés, par la beauté de ses rivières qui portent les plus grandes barques de la Chine jusqu'au pied de ses murailles ; enfin, par un pont admirable de plus de cent arches, tout construit de belles pierres blanches, avec des balustrades de chaque côté, embellies de toutes sortes d'ornemens. L'entretien seul des ponts coûte annuellement des sommes immenses que l'état distribue. L'usage de ces ponts ne coûte rien au public, et l'on n'est pas obligé de fouiller à la poche pour payer le passage.

Une autre province qui n'est pas moins importante, quoique une des plus petites de l'empire, est celle de *Tché-Kiang*. Sa principale richesse consiste dans la multitude de ses vers-à-soie. Les campagnes sont couvertes de mûriers nains qu'on cultive et qu'on taille à peu près comme la vigne, et qui sont d'un grand produit. Tché-Kiang fournit de la soie, non seulement à la Chine, au Japon et aux Philippines, mais encore à l'Inde entière. Toute celle que les Hollandais achètent, se tire de cette province. Elle l'emporte sur toutes les autres, pour la blancheur, la finesse et le lustre. C'est aussi cette province qui produit la meilleure matière pour la fabrication du papier. *Kang-Tcheou-Fou*, sa capitale, est une ville délicieuse, en raison du lac qui l'avoisine. L'eau en est si pure et si claire, qu'on y distingue jusqu'aux plus petits sables. On a bâti, sur ses bords, des quais pavés de pierres de taille, et de grandes salles ouvertes pour la commodité de ceux qui veulent y prendre le frais. La nature a placé au centre du lac qui a deux lieues de tour, de petites îles où l'on a construit un temple et des maisons de plaisance. Ses rives sont bordées de monastères de bonzes, et d'autres édifices, parmi lesquels est un palais pour l'usage du prince, quand il visite cette partie de l'empire.

Cette province renferme, dans son district, quatre-vingt-huit villes, et un nombre considérable de bourgades très riches et très peuplées. Parmi les villes on distingue *Tchao-King*, et *Ning-Po*. La première, située dans une plaine immense, est comme Venise, bâtie au milieu des eaux. Chaque rue a son canal couvert de ponts d'une seule arche; les quais qui bordent ces canaux, sont pavés de pierres blanches de la longueur de six pieds, et ornés d'arcs de triomphe. Ning-Po est un port excellent où il se fait un grand commerce de soie avec Batavia, Siam et le Japon. A vingt lieues de là sont situées une infinité de petites îles, les unes habitées par des négocians, les autres par des bonzes qui y ont des temples et des pélerinages; les troisièmes par des mandarins disgraciés qui ne cherchent plus que le repos; et d'autres enfin par des pêcheurs.

Quelque désir que nous eussions d'arriver à la capitale d'un empire aussi vaste, nous ne négligeâmes point de visiter la province de Schan-Si. Elle est bornée au nord par la grande muraille, au sud par le Honan, à l'ouest par le Schen-Si, et à l'est par le Petché-Ly; le pays est montagneux, mais sain ; il abonde en grains et en bestiaux ; on y trouve du marbre, du jaspe, du cristal, des mines de charbon, des lacs d'eau salée. Cette province est extrêmement peuplée quoique l'une des plus petites de l'empire. L'histoire rapporte que c'est dans cette province que les premiers habitans de la Chine ont fixé leur séjour.

La capitale, *Tai-Yuen-Fou*, était autrefois une très belle ville remplie de palais qui étaient habitées par les princes du sang de la famille impériale Tai-Ming-Tchao ; mais ces grands édifices ont dépéri sans qu'on ait pensé à les rebâtir. On y fabrique des draps façon de Turquie. Il s'y fait aussi un grand commerce des ouvrages en fer qu'on y travaille. Cette ville, qui est fort ancienne et très peuplée, a environ trois lieues de circuit. On voit sur les montagnes de beaux sépulcres en marbre ou en pierre de taille, des arcs de triomphe, des statues de héros, des lions, des chevaux et d'autres animaux. Tout cela est environné d'une espèce de forêt d'anciens cyprès plantés en échiquier, qui font un assez bel effet.

LETTRE III.

EMPIRE CHINOIS.—Caractères, mœurs, usages, habitudes, costumes, lois, etc. des Chinois. — Petché-li, province. — Pékin, capitale.

Les Chinois, différens des autres peuples du monde par leurs lois, leurs habitudes, leur manière de vivre, leurs opinions, etc., ne le sont pas moins par la figure, l'habillement et le caractère. Un grand front, les paupières élevées, de petits yeux fendus, de grands sourcils, un nez court et un peu écrasé, les narines ouvertes, un visage large et assez blanc, une bouche ordinaire, les dents de la mâchoire supérieure saillantes en dehors, celles du bas, rentrant en dedans, une

FAMILLE CHINOISE.

physionomie qui n'a cependant rien de
désagréable ; des cheveux noirs, les
oreilles longues et larges, un corps replet,
les épaules rondes, une taille moyenne,
un maintien grave; tel est le signalement de la plupart des Chinois.

Les jeunes gens laissent rarement croître leur barbe. Le plus grand nombre se
l'arrache; mais à trente ans, ils commencent à en prendre soin, parce qu'ils la regardent comme l'ornement de l'âge viril.
Ils la laissent venir principalement au
menton, et sur la lèvre supérieure; ils
en forment des moustaches, les peignent,
les nouent et les tressent avec art.

La plupart des traits que je viens de décrire sont communs aux deux sexes. Les
dames mettent du rouge et du blanc,
comme en Europe, et mâchent continuellement du béthel, comme aux Indes. Il en
découle une liqueur rouge qui leur rend
la bouche comme si on venait de leur arracher toutes les dents. Elles les auraient

assez blanches sans le fréquent usage de cette feuille.

La petitesse du pied paraît être l'agrément des dames chinoises; aussi a-t-on grand soin de le leur procurer. Dès qu'une fille vient au monde, on s'empresse de lui garrotter les pieds pour les empêcher de croître. On prétend que cette mode n'a été imaginée que pour retenir les femmes à la maison; ce qui est certain, c'est qu'elle rend leur démarche lente et mal assurée.

Le sexe se sert de caleçons de soie qui lui tombent jusqu'au milieu de la jambe. Le reste est couvert d'un bas fort court de même étoffe. La pointe des mules est relevée, et le talon bas et carré. Une robe traînante, dont les manches sont étroites, ne laisse voir que le visage. Les femmes portent sur ce premier habit un collet de satin blanc, et une autre robe à manches larges et amples, qui leur servent de gants et de manchon.

La coiffure ordinaire des Chinoises consiste à partager les cheveux en plusieurs boucles, à y entrelacer des fleurs d'or et d'argent, et des pierreries. Souvent elles y ajoutent une figure d'oiseau dont les ailes déployées tombent sur les tempes. La queue retroussée forme une aigrette sur le milieu de la tête. Au-dessus du front, est le corps de l'animal, dont le cou et le bec se trouvent précisément sur le nez. Les pieds sont arrangés dans les cheveux, et soutiennent toute la coiffure; c'est l'ornement des femmes de qualité. Elles portent quelquefois plusieurs de ces oiseaux qui, entrelacés ensemble, leur font une espèce de couronne. Les jeunes personnes ont des bonnets de carton, garnis d'une bande de soie, et enrichis de pierres précieuses qui s'élèvent en pointe au-dessus du front. Le sommet de la tête est paré de fleurs entremêlées d'épingles à tête de diamans. Les plus âgées et les femmes du commun ont une longue pièce de soie qu'elles passent plusieurs fois autour de leur tête.

L'habillement des hommes diffère peu de celui des femmes, mais il répond à la gravité dont ils se font gloire. Une longue veste qui descend jusqu'à terre, et par-dessus, un habit un peu plus court, à larges manches et sans collet; une ceinture dont les bouts pendent sur les genoux, et à laquelle ils attachent leur bourse et leur couteau ; des caleçons fort amples, des bas faits en forme de bottines, et des pantoufles sans talons qui tiennent avec les bas; un bonnet rond de carton, terminé en cône, couvert de satin doublé de taffetas, qui n'embrasse que la superficie de la tête, et à la pointe duquel est un gros flocon de crin ou de soie rouge, qui flotte jusque sur les bords ; voilà l'habillement des Chinois qui, comme nous, changent d'étoffe selon les saisons.

Toutes les couleurs ne sont pas permises indistinctement à tous les états ; la jaunen'appartient qu'à l'empereur et aux princes du sang, la rouge aux mandarins; le noir, le bleu et le violet à tout le monde. Ce peuple cérémonieux a nécessairement des habits d'étiquette. Pour rendre ou pour recevoir une visite, il faut être en bottes, en manteau, l'éventail à la main, et le bonnet pointu sur la tête. A cheval on est différemment; le chapeau, la veste et le surtout sont d'un gros taffetas vert passé à l'huile. Il est d'usage d'être habillé de neuf au nouvel an; les plus pauvres même s'y conforment. L'habit de deuil, dont j'ai déjà parlé, est le même pour le prince, pour l'homme de qualité et pour l'artisan.

Les modes ne varient point comme en France. Pendant quatre mille ans, la manière de se mettre a toujours été la même; et ce n'est que depuis la dernière révolution que les Tartares y ont introduit quelques changemens. Avant ce temps-là les Chinois étaient dans l'usage de garder leurs cheveux et de les parfumer d'essence. Un empereur tartare, espèce d'imbécille, leur ordonna de n'en laisser derrière la tête qu'une touffe qu'ils tressent et qu'ils cordonnent. Cette loi parut si dure, on peut ajouter si bête, que plusieurs aimèrent mieux quitter le pays que leur chevelure. D'autres préférèrent perdre la tête que d'être privés de ce qui en fait l'ornement. Les Tartares eurent plus d'égards pour les femmes; ils leur laissèrent leurs habits et leurs parures; et comme il y a entre elles même distinction qu'entre les hommes, elles ont aussi sur leurs robes les symboles de leur qualité.

Les Chinois sont plus simples dans leurs meubles que dans leurs vêtemens. Leurs maisons n'ont, en général, ni élégance ni régularité au dehors; le dedans en est propre, mais simple et modeste. On entre d'abord dans un vestibule non plafonné, ouvert de tous côtés, et qui n'a d'autres ornemens qu'un rang de colonnes peintes, destinées à soutenir la charpente du toit. C'est là que se font et se reçoivent les visites. Il n'y a ni glaces, ni miroirs, ni tableaux, ni tapisseries dans les appartemens. L'ameublement se réduit à des paravens, des tables, des cabinets vernis, des chaises de canne et des vases de porcelaine. Quelque-uns y suspendent des lanternes de soie de différentes couleurs; d'autres y attachent plusieurs cadres qui renferment des sentences, imprimées sur du satin, ou qui représentent des fleurs, des oiseaux, des paysages, ou les portraits de leurs ancêtres. La plupart se contentent de blanchir les murs, ou d'y faire coller du papier. Les lits sont plus ornés; on y emploie quelquefois de très riches étoffes, chose d'autant plus étonnante qu'ils ne doivent pas être vus; car ce serait une impolitesse que de conduire un étranger dans la chambre où l'on couche. Les fenêtres n'ont point de vitres, mais des écailles de poisson ou seulement du papier. Dans les provinces méridionales, on se contente d'un simple treillis. Les cheminées ne sont pas en usage; on n'a que des fourneaux de briques où l'on ne brûle guère que du charbon. C'est à l'ouverture de ces fourneaux que le menu peuple fait la cuisine.

Quant au caractère, les Chinois sont généralement doux, traitables et humains; leurs manières sont affables, n'ont rien de dur, d'aigre, ni d'emporté. On s'aperçoit d'abord de leur politesse; elle se fait remarquer dans toutes leurs actions, et les Chinois seraient en Asie, ce que le Français est en Europe, s'ils étaient moins cérémonieux. D'un autre côté, il n'est point de peuple plus vain, plus entêté de la supériorité qu'il s'attribue sur les autres hommes. Il traite de barbares toutes les nations de l'univers; rien n'est bien que ce qui se fait dans son pays. Il pourrait tirer de grandes lumières de nos artistes, mais il dédaigne d'en profiter, ne voulant rien faire à notre manière; il fallut employer l'autorité et même la force pour obliger les architectes de Pékin à bâtir un temple sur un modèle venu d'Europe, tandis qu'en France, il y eut un moment où dans les appartemens, dans les fêtes, dans les spectacles, on semblait ne trouver du goût que dans ce qui portait l'empreinte des modes de la Chine.

Le, Chinois naturellement froid et phlegmatique, n'écouterait pas en un mois ce qu'un Français pourrait lui dire en une heure. Il faut éviter, quand on lui parle, cette précipitation, cette vivacité turbulente, qui veut tout emporter d'autorité. La douceur le persuade, l'emportement le choque, et passe pour un vice contraire à l'humanité. Les gens de lettres, surtout, ont l'extérieur tellement composé, que jamais ils n'accompagnent leurs expressions du moindre geste. Il n'est pas jusqu'aux gens de guerre, jusqu'aux troupes tartares même, qui ne participent à cet esprit de douceur et de réserve.

Les femmes chinoises vivent dans une retraite profonde, et ne sont point exposées aux regards des hommes. Il y a, dans la maison, deux appartemens, l'un extérieur, pour le mari; l'autre intérieur, pour la femme qui n'en sort point sans de bonnes raisons. Elle n'a rien à sa disposition, et ne commande que dans l'enceinte de son appartement. Elle va, tout au plus deux fois l'an, voir sa famille; et cependant par une coquetterie naturelle à son sexe, quoiqu'elle ne paraisse qu'aux yeux de ses domestiques, elle emploie tous les matins des heures entières à sa parure.

Les Chinois affectent la gravité et l'air composé des Stoïciens. Un mandarin ayant à traiter d'une affaire de commerce avec un négociateur hollandais, demeura un jour entier dans la salle d'audience à côté de lui, sans ouvrir la bouche et sans faire le moindre mouvement. Ses vues étaient d'engager l'étranger à parler pour trouver le moyen de pénétrer ses prétentions. Celui-ci, qui n'était pas moins grave, se mit dans la même position, garda la même posture, dans les mêmes vues. Le mandarin désespérant de rien tirer de lui, sortit sans parler, et le hollandais le laissa partir sans dire mot.

L'intérêt est la passion dominante et le vice capital de ce peuple; de là cette mauvaise foi qu'on lui reproche dans le commerce, principalement avec les étrangers. Ce qu'il y a de plus singulier, c'est le phlegme qu'il conserve quand sa fourberie est découverte. Un marchand de Canton avait vendu à un Anglais une assez grande quantité de balles de soie. Avant de les faire transporter dans son vaisseau, l'Anglais voulut les examiner. La première qu'il ouvrit se trouva bien conditionnée; mais ayant visité de même toutes les autres il s'aperçut que les soies étaient pourries. Il en fit des reproches au Chinois qui lui répondit sans se déconcerter : « Je vous
« eusse beaucoup mieux servi, si votre co-

« quin d'interprête ne m'eût assuré que
« vous n'ouvririez point les ballots. »

L'adresse et l'industrie paraissent des qualités propres à cette nation. Les vernis, la porcelaine, et cette variété de belles étoffes qu'on transporte en Europe, en sont une preuve. Elle ne montre pas moins d'habileté dans les ouvrages d'ébène, d'écaille, d'ivoire, d'ambre et de corail. Ceux de sculpture et les édifices publics, tels que les portes des grandes villes, les ponts, les canaux, les temples, les tours, les palais, ont autant de grandeur que de noblesse. Tout ce qui sort de ses mains porte un caractère convenable à son goût. Il est vrai que ce peuple a peu d'invention pour les mécaniques, mais ses instrumens sont simples, et il imite facilement les nôtres.

Le Chinois est actif, laborieux et patient; il est aussi très sobre. Celui qui ne doit sa subsistance qu'à son travail, emploie les jours entiers à remuer la terre, les pieds dans l'eau jusqu'aux genoux, et se croit heureux le soir d'avoir pour son souper un peu de riz, un potage d'herbes et du thé; et comme on ne se sert que de moulins à bras pour broyer le grain, cet exercice est l'occupation d'une infinité de pauvres habitans. Les uns ramassent de petits lambeaux de soie, de laine, de coton ou de toile, de plumes d'oiseaux, des os de chien, des morceaux de papier qu'ils nettoient pour les revendre. D'autres tirent parti des ordures qui sortent de leur corps et y ajoutent celles d'autrui.

La bravoure est une qualité étrangère aux Chinois. Une poignée de Tartares a plus d'une fois subjugué l'empire de la Chine; et ces Tartares prétendent qu'un de leurs chevaux qui hennit, est capable de mettre en fuite toute la cavalerie chinoise. Cette opinion est fondée non seulement sur la mollesse du peuple, mais sur le naturel même des chevaux, qui, avant la dernière révolution, ne pouvaient souffrir la vue ni même le hennissement de ceux de l'ennemi.

Le génie des Chinois les porte naturellement à la dissimulation et à la politique. Il n'y a point de cour en Europe, sans excepter celle de Rome, où l'habileté et l'adresse aient plus de part aux événemens. Leur étude continuelle est de connaître les goûts, les inclinations, l'humeur et les desseins des uns et des autres.

Modestes et simples dans la vie privée, ils n'en sont pas moins magnifiques dans les occasions d'éclat. Rien n'égale l'air de grandeur avec lequel les hommes en place paraissent dans les fêtes, dans les audiences publiques, etc. Lorsqu'un mandarin sort de sa maison, les officiers de son tribunal marchent en ordre des deux côtés de chaque rue. Les uns portent un parasol, d'autres frappent sur un bassin de cuivre, avertissent le peuple à haute voix, de rendre au magistrat les honneurs qui lui sont dus. Ceux-ci ont de grands fouets, ceux-là des bâtons garnis de chaînes de fer, comme autrefois les licteurs, armés de faisceaux de verges, précédaient les consuls de Rome. La vue de ces instrumens fait trembler les habitans d'une ville. Dès que le magistrat paraît, chacun n'est occupé qu'à lui témoigner sa vénération, non en le saluant, car ce serait une familiarité punissable, mais en s'écartant du chemin, en se tenant debout, les pieds serrés, les bras pendans, et les yeux modestement tournés vers la terre. Tous demeurent immobiles dans cette humble posture, jusqu'à ce que le mandarin soit passé. Si c'est un vice-roi qui se montre dans la ville, il est accompagné d'une multitude d'hommes qui occupent toute la rue. La marche commence par deux timbaliers qui battent pour avertir le peuple; ils sont suivis de vingt hommes portant des enseignes où l'on voit écrit, en gros caractères, les titres du gouverneur, ainsi que les symboles de son emploi, tels que le dragon, le tigre, la tortue et d'autres animaux. Six officiers viennent ensuite avec des planches en forme de pelles qu'ils tiennent élevées, et sur lesquelles on lit, en lettres d'or, les qualités particulières du mandarin. Les gardes qui forment ce cortége, sont armés de lances, de marteaux, de haches, de sabres, d'arcs, de flèches, de fouets, de chaînes, de bâtons, et autres instrumens effrayans.

Ce respect, cette soumission, que les Chinois témoignent en toutes occasions à leurs supérieurs, est surtout remarquable à l'égard des vieillards. On les regarde comme des personnes que l'âge et le temps ont rendues dépositaires de la sagesse, et la naissance, les dignités, les richesses, les honneurs ne dispensent point des égards qui leur sont dus. Le souverain même se fait gloire de les révérer. Dans une audience publique, on fit remarquer à l'empereur un mandarin du troisième ordre qui finissait sa centième année. Le prince lui envoya dire de s'approcher, se leva pour lui faire honneur, et le félicita sur sa longue vie.

Le même respect que l'on a pour la vieillesse, les enfans l'ont pour leurs pères, les écoliers pour leurs maîtres. Ils parlent peu, et se tiennent debout en leur présence. L'usage les oblige, surtout au nouvel an, le jour de leur naissance, ou dans les occasions d'éclat, de les saluer à genoux, en frappant plusieurs fois la terre de leur front. A la mort du père et de la mère, le fils aîné entre dans tous les droits de la paternité envers ses cadets, et ceux-ci lui doivent la même déférence qu'à leur père ; cependant ils sont libres de se séparer ou de vivre dans la même maison. Dans le premier cas, l'aîné leur donne une portion des biens paternels égale à celle qu'il garde pour lui-même. Car, bien qu'on ne puisse qualifier le gouvernement chinois d'une autre dénomination que celle de monarchie, on n'y connaît point l'irrégularité de partage entre les enfans mâles. Quant aux filles, si elles ne se marient pas, les frères doivent pourvoir à leur nourriture et à leur entretien.

Il est peu de nation plus superstitieuse que les Chinois, je parle de ceux qui professent l'idolâtrie et qui croient aux sortiléges. Ils adorent la boussole qui sert à la navigation ; ils l'encensent, lui offrent des viandes en sacrifice, jettent dans la mer des morceaux de papier dorés, des bateaux de carton, afin que les vagues, occupées à les agiter, à les submerger, n'aient pas le loisir de nuire au vaisseau. Dans les temps de sécheresse, ils invoquent les idoles pour avoir de la pluie. Le mandarin publie des ordonnances qu'il fait afficher au coin de chaque rue; il impose un jeûne général, et défend aux bouchers de vendre de la viande. On fait ensuite des processions solennelles. Le magistrat s'y rend à pied, vêtu négligemment, et met quelquefois de la paille dans ses souliers, en signe de pénitence. Il est accompagné des mandarins inférieurs, et suivi des principaux habitans de la ville, chargés de présens pour les bonzes, et d'offrandes pour les idoles. Les prêtres qui font partie du cortége, chantent des prières, et jettent des cris lamentables, moins par dévotion que par crainte de la bastonnade, s'ils se sont vantés d'obtenir de la pluie, et qu'il n'y en ait point. On s'en prend quelquefois à l'idole même, et l'on rapporte qu'une d'elles n'ayant pas daigné répondre aux commandemens réitérés d'un gouverneur, fut chassée de la ville et son temple rasé.

Quel que fût notre désir d'arriver à Pékin, nous ne quittâmes point la province de Kiang-nan sans visiter quelques-unes de ses principales villes. Après Nankin, on distingue spécialement Sou-Tcheou et Yang-Tcheou. La première, comparable à Venise par sa situation, la surpasse par son étendue et le nombre de ses habitans. L'agrément et la fertilité du climat, l'influence des étrangers, le spectacle continuel des barques et des gondoles dont ses canaux sont couverts, enfin les mœurs faciles, douces et voluptueuses du pays, en font le séjour le plus riant et le plus délicieux de la Chine. Yang-Tcheou, ville célèbre par la beauté des femmes, est bâtie sur les bords d'un vaste canal. La quantité de sel qui s'y fait, et se débite dans les provinces voisines, y attire un peuple innombrable. Ses habitans sont passionnés pour le plaisir, et le sexe très recherché, très varié dans la manière de le procurer. Cette délicieuse contrée est pour les Chinois ce que Cythère fut pour les Grecs.

C'est dans ce pays que se trouvent aussi les plus belles oranges. Celles que nous avons en Europe, viennent originairement de la Chine d'où les Portugais ont apporté les premières graines. On montre encore à Lisbonne le premier arbre d'où sont sortis tous les orangers qui font l'ornement de nos jardins.

Nous fîmes une partie de notre route dans des chaises légères; elles sont de cannes, ainsi que les bâtons qui servent à les soutenir. Avec plus de pesanteur, elles seraient incommodes dans les montagnes. Les porteurs publics ont des chefs à qui on s'adresse. On leur donne l'état des malles et des paquets, on convient du prix, on paie d'avance, et l'on reçoit autant de billets qu'on veut d'hommes. On leur livre ensuite les ballots, et l'on est assuré qu'ils seront rendus fidèlement à leur destination. On tient pour l'ordinaire les ballots suspendus au milieu d'une canne de bambou, et appuyés sur les épaules de deux hommes. Rien n'égale la légéreté de ces porteurs. Le long du jour, ils ne s'arrêtent que trois fois, et font jusqu'à deux lieues par heure. Le chemin est, en quelques endroits, si rempli de monde qu'on le prendrait pour une foire. La route n'est qu'une rangée de villages où l'on trouve des subsistances à peu de frais. Les Chinois préfèrent les légumes à la viande ; de sorte qu'une bonne volaille ne coûte presque rien. Mais la nourriture la plus commune, celle qui coûte le moins, est une certaine pâte de fèves qu'on appelle *taou-fou*. On en fait des gâteaux qui, séchés et fumés, sont d'un goût exquis. Il s'en fait une consommation prodigieuse ; car depuis l'empereur jusqu'au portefaix, tout le monde est passionné pour cette nourriture.

Nous quittions assez souvent le chemin de terre pour voyager sur des canaux. Aux heures marquées pour la visite générale des barques, on voit paraître les officiers de la douane en grand cortége, précédés de fanfares, et annoncés par une décharge d'artillerie. Les uns portent des insignes, des massues, les autres des chaînes, des parasols, et d'autres ornemens ou symboles de leurs offices. Au milieu d'eux se montre un mandarin porté par huit hommes, dans une chaise ouverte. A la fin de la procession, il en paraît un autre d'un rang plus élevé, dans une voiture fermée. Les habitans, à leur passage, tiennent dans les mains des flambeaux allumés, d'une composition odoriférante, tels qu'ils en brûlent devant leurs idoles, et se mettent à genoux; ils baissent le front jusqu'à terre. Après la marche, les deux mandarins vont s'asseoir dans une galerie sur le bord de la rivière. On fait passer successivement toutes les barques devant eux. Les commis reçoivent les noms de chaque patron, et les donnent aux mandarins, lesquels, sans autre recherche, taxent les barques à proportion de leur grandeur.

Dans ces voyages par eau, l'on rencontre quelquefois des écueils qu'on n'évite qu'avec beaucoup d'habileté. Il se trouve ordinairement dans le voisinage un temple de bonzes qui demandent l'aumône aux passagers, leur promettent des prières, et font voir de longues listes de matelots, qui n'ont dû, disent-ils, leur salut qu'à leurs charités.

Lorsqu'un homme de marque passe devant les corps-de-garde bâtis le long de ces rivières, il est salué par les soldats. On le distingue aux banderoles peintes et aux armes de ceux qui le suivent, sans compter qu'il se fait reconnaître en battant trois fois sur des bassins de cuivre. La garde répond par le même nombre de coups, et est obligée de veiller à la barque pendant la nuit. Il y a de ces bateaux qui ne manquent d'aucune espèce de commodités. Si les personnes qui les montent sont opulentes ou d'un rang élevé, les barques sont peintes, enrichies de dorures, ont une chambre de musique à l'extrémité, des queues de cheval suspendues, des tambours et d'autres instrumens. C'est par le nombre de ces ornemens que l'on juge de la qualité des mandarins. Il y a une si grande quantité de ces barques, que la Chine en contient plus, elle seule, que tout le reste du monde connu.

Le grand fleuve qu'on appelle la *rivière*

jaune, parce que les eaux en sont épaisses et bourbeuses, offrait à nos regards plusieurs îles flottantes qu'on nous dit être l'ouvrage de l'art. C'est un composé de cannes de bambou, dont le tissu est impénétrable à l'humidité. Les Chinois bâtissent sur ce fondement des huttes, ou de petites maisons de planches et d'autres matériaux légers, dans lesquelles ils demeurent, eux, leurs femmes, leurs enfans, et leurs bestiaux. Il y a de ces îles qui contiennent jusqu'à cent familles, dont la plupart subsistent de leur commerce. Elles s'arrêtent des mois entiers dans le même lieu, et s'attachent avec des pieux qu'elles fixent le long du fleuve.

Nous passâmes par plusieurs villes où l'usage n'est pas d'annoncer les marchandises par des cris, mais par le son de différentes sortes d'instrumens qui servent à les distinguer. Les divers ouvriers se font connaître par la même voie. Les barbiers, par exemple, s'annoncent au bruit des pincettes, et portent avec eux toute leur boutique sur un bâton. Le coquemar et le bassin sont suspendus d'un côté; de l'autre est une sellette avec les autres ustensiles de la barberie.

Dans les endroits où il y a des montagnes et des passages difficiles, on trouve de petites maisons habitées par des bonzes, qui ont toujours du thé préparé, et l'offrent aux voyageurs avec autant de politesse que de modestie. Si on leur fait en reconnaissance quelques petits présens, ils s'y montrent sensibles, et leurs remercîmens sont accompagnés de profondes révérences. Si on ne leur donne rien, ils demeurent immobiles.

En approchant d'une des villes de la province de *Schang-Tong*, nous eûmes le spectacle d'une pêche extraordinaire. Elle se fait à l'aide d'un oiseau nommé *lowa*, un peu moins gros qu'une oie, et peu différent du corbeau. Il a le col long, et le bec d'un aigle. Les Chinois le placent sur le bord du bateau, et, à la vue du poisson, il s'élance dessus, et le poursuit en nageant jusque sous l'eau. Il le prend et l'apporte aux pêcheurs qui lui font recommencer la même chasse; pour empêcher qu'il n'avale sa proie, on passe un anneau de fer à son cou; mais lorsqu'il a fait une bonne pêche, on lui ôte son anneau, et il a la liberté de travailler pour lui-même.

La chasse au canard, qui n'est ici qu'une autre espèce de pêche, se fait avec une grosse courge dont un nageur s'enveloppe la tête, ne laissant qu'une ouverture pour voir et pour respirer. Les canards, friands de cette espèce de fruit, et accoutumés à le voir flotter dans les marais, viennent le becqueter, et dans ce moment les nageurs les saisissent par les pates.

La province de Schang-Tong, qui a pour capitale Tsi-Nan, est traversée par le canal impérial, et par une longue chaîne de montagnes. Elle produit de la soie, de l'indigo, du froment, etc. On y compte six villes du premier rang et cent quatorze du second et du troisième. Le nombre des habitans, dont la plupart sont pêcheurs, se monte à environ vingt-quatre millions.

La province de Petché-Li, située sur un golfe du même nom, au sud de la grande muraille, est une des plus considérables de la Chine. Elle produit des grains et des bestiaux, mais elle manque de bois. On tire, des montagnes qui environnent Pékin, tout le charbon nécessaire à la consommation du pays.

Pékin, la principale ville de cette province, est la capitale de tout l'empire chinois, et la résidence ordinaire des empereurs. Elle est située dans une plaine fertile, et se divise en deux villes. Dans la ville tartare est le palais de l'empereur. Elle forme avec la ville chinoise un ensemble de forme irrégulière.

C'est une chose remarquable, aux environs de Pékin, de voir les habitans de la campagne dans tous les chemins, avec deux paniers sur un bâton, l'un devant, l'autre derrière, recueillir la fiente des animaux, dont ils engraissent leurs jardins. D'autres ramassent les feuilles d'arbres et la paille, pour en faire du feu, parce que le bois y est très rare.

Les deux côtés du chemin qui mène à la capitale sont bordés de maisons de plaisance, avec un large canal devant chaque maison, et un pont de pierre pour le traverser. On n'y trouve point, comme parmi nous, de ces immenses forêts, qui fournissent moins de bois qu'elles ne détruisent de moissons par les bêtes qu'on y renferme pour le plaisir des grands, et les larmes du peuple. Le charme des jardins chinois se réduit à une situation heureuse et à des cultures agréablement diversifiées. Ils offrent des cabinets agréables, et sont plantés de cèdres et de cyprès. Enfin cette route délicieuse, qui annonce de loin la capitale d'un grand empire, ne cesse que lorsqu'on arrive à l'entrée des faubourgs.

Le premier objet qui excita notre curiosité en arrivant à Pékin, fut le palais du monarque dont, pendant la route, on nous avait plus d'une fois vanté la structure. La beauté de ce palais consiste moins dans son architecture que dans la multitude incroyable d'édifices, de cours, de jardins dont il est composé. Sur un plan carré, plus long que large, s'élèvent des bâtimens construits de briques, hauts de huit toises, couverts de tuiles jaunes, enduites d'un vernis qui imite l'éclat de la dorure. Le toit présente des lions, des dragons et des figures de toutes sortes d'animaux. L'enceinte, fermée par de bonnes murailles, comprend non seulement la demeure du prince, mais une infinité d'habitations pour ses ministres, ses officiers, et toutes les personnes attachées à son service. Elle n'a pas moins de cinq quarts de lieue de circonférence, et elle occupe le centre de la ville tartare; car les habitans de Pékin, lors de la dernière révolution, ayant été obligés de céder leurs maisons aux vainqueurs, bâtirent à la hâte une autre cité hors des anciens murs. Ainsi, cette capitale est composée de deux villes, celle des Tartares et celle des Chinois.

Les femmes et les eunuques habitent dans l'intérieur du palais. Ce lieu est fermé par une clôture particulière; neuf cours fort vastes, qui se succèdent, en comprennent toute l'étendue. Elles se communiquent par de grandes portes dont chacune a sa garde. Ces portes sont voûtées en marbre, et surmontées d'un gros pavillon. On les ouvre depuis la pointe du jour jusqu'à la nuit. L'approche en est absolument défendue aux aveugles, aux boiteux, aux bossus, aux mendians et aux bonzes; enfin à toutes ces espèces de gens qui peuvent inspirer du dégoût, soit par quelque difformité désagréable à la vue, soit par leur excessive malpropreté, tels que les gens déguenillés.

Il serait difficile de décrire avec exactitude toutes les parties de ce vaste palais, et la description même ne présenterait pas une lecture agréable. Il suffit de dire qu'aucun prince dans l'univers n'est logé avec autant de grandeur et de magnificence apparente que l'empereur de la Chine. Aussi ses sujets ont-ils donné des noms superbes aux galeries, aux portes, aux escaliers, aux cours, aux chambres, aux salles, aux tours, aux portiques de cet immense bâtiment. La *tour suprême*, la *porte de mille arches*, la *salle de la souveraine concorde*, le *portail du ciel pur et sans tâche*, le *portique de la valeur mystérieuse*, etc. C'est ainsi qu'ils distinguent les différentes pièces de ce majestueux édifice, qui formerait seul une grande ville. La salle d'audience a environ cent trente pieds de longueur sur une largeur à peu près égale. Les lambris sont sculptés, peints en vert et ornés de dragons dorés. Les colonnes extérieures qui soutiennent le toit, ont six à sept pieds de circonférence, et sont décorées d'un très beau vernis. Les murailles sont d'une blancheur éclatante, mais nues, sans tapis, sans glaces, sans peintures, enfin sans aucune sorte d'ornemens. Le trône qu'on voit au milieu de la salle, est de la même simplicité. C'est-là que sa majesté chinoise reçoit les ambassadeurs.

Aux deux côtés du palais, qui n'est proprement que pour la personne du prince, on en voit un assez grand nombre d'autres assez beaux, assez étendus pour servir de logement à des monarques. Ils ont aussi leurs dénominations particulières, qui ne sont pas moins ampoulées ni moins ridicules que celles que l'on vient de lire. L'un est le *palais du savoir florissant* ; un autre le *palais de la bonté et de la prudence*, un troisième, celui de la *compassion et de la joie*. D'autres enfin nommés le *palais florissant de l'union*, le *palais des noces royales*, le *palais de la piété*, le *palais du bonheur*, le *palais de longue vie*, le *palais du repos céleste*, le *palais de la grande amitié*, celui *de la vertu abondante*.

On voit encore hors de l'enceinte le *palais de la double fleur*, le *palais des dix mille vies*, le *palais de la parfaite pureté*, celui de la *tour florissante*, le *palais des dix mille plaisirs* ; enfin le *palais des murs du tigre*. C'est là que sa majesté s'amuse à voir les lions, les ours, les tigres, les léopards, les loups, les singes, les paons, les aigles, les cigognes, les grues et autres animaux qui sont nourris dans cet enclos, et forment ce que nous appelons en France la ménagerie. A tous ces palais, on peut joindre vingt-quatre hôtels superbes, placés aux environs du château pour le logement des grands maîtres de la maison impériale ; et en outre quantité de temples qui ont chacun leur destination particulière. L'un est dédié aux étoiles du nord, que ces peuples implorent pour obtenir une longue vie. Dans un autre, on demande des enfans, des richesses et des dignités.

Ces temples, ces palais, ces hôtels sont séparés les uns des autres par des murs, sur lesquels on voit régner des fleurs, des oiseaux, des dragons, et toutes sortes de figures d'animaux en relief. Cet assemblage d'édifices composé de pavillons, de galeries, de colonnes, de balustrades, et d'escaliers de marbre; cette multitude de toits, dont les tuiles vernies de jaune, de vert, de bleu, jettent un éclat si brillant qu'au lever du soleil, on les croirait d'or pur, émaillé d'azur et de vert; enfin cet amas d'ouvrage et d'ornemens, les sculptures, les vernis, les dorures, les nattes, les tapis, les peintures, les pavés de marbre ou de porcelaine, forment un spectacle si magnifique qu'on ne saurait s'en faire une idée approchant de la réalité.

Quoique les différentes parties de ce vaste palais soient d'une architecture assez bizarre, on ne peut nier cependant qu'elles ne présentent un tout majestueux ; mais il ne faut y chercher ni jets d'eau, ni labyrinthes, ni statues de marbre ou de bronze, comme dans nos maisons royales; ni cette élégance, cette finesse, cette perfection de travail et de goût qui mettent nos artistes si fort au dessus de ceux de la Chine. La principale beauté des édifices du pays consiste dans la disposition régulière des appartemens, dans la structure de leurs toits élevés, ornés sur l'arête d'une plate-bande à fleurons, et retroussés par les extrémités, avec des dragons saillans dans les coins. Au-dessous règne un second toit, aussi brillant que le premier, et dont les appuis, peints en vert, sont semés de figures dorées.

Tel est l'édifice le plus remarquable de la capitale; les autres maisons sont propres et commodes, mais de la plus grande simplicité. Les palais des mandarins sont plus considérables par leur étendue que par leur beauté. On y voit de grandes cours, d'immenses galeries, des portes très massives et des appartemens fort négligés. Cette simplicité vient moins du goût de la nation qui naturellement aime le faste, que d'un ancien usage politique. Il y aurait du danger à vouloir se distinguer ; on ferait un crime à un mandarin qui habiterait un trop bel hôtel. Les censeurs établis par la police, l'accuseraient devant le prince, et le moins qu'il pût lui arriver, ce serait d'être obligé d'abattre sa maison. Les tribunaux de la justice ne paraissent pas d'une architecture plus recherchée que les habitations des particuliers. Les temples sont, après le palais impérial, les édifices les plus distingués et les plus remarquables.

Les murs de la nouvelle ville sont bas et mal entretenus, mais ceux de la vieille cité, construits de briques, ont environ quarante pieds d'élévation. Plusieurs personnes à cheval peuvent s'y promener de front, et l'on y monte par une rampe douce qui prend de fort loin. D'espace en espace on a élevé de grosses tours carrées; le fossé est sec, mais large et profond. Les portes, au nombre de treize, sont d'une hauteur prodigieuse, et d'une construction qui n'a rien de barbare. Auprès de chaque porte on voit deux grands pavillons, dont l'un domine sur la campagne et l'autre sur la ville. Ils ont neuf étages percés de lucarnes ou de canonnières; au bas est une salle qui sert de corps de garde; et en dehors on a laissé un espace d'environ soixante toises, qui forme une esplanade entourée d'un demi cercle de muraille où cinq cents soldats peuvent faire l'exercice.

La ville de Pékin passe pour avoir six lieues de circuit, sans y comprendre treize faubourgs. Son immense grandeur répond au vaste empire dont elle est la capitale. Ses maisons, quoique plus basses que les nôtres, ne contiennent pas moins de monde, car dix Chinois logent à l'aise, où trois Français se trouveraient à l'étroit. D'ailleurs, les gens de métier, les portefaix, les pauvres ne demeurent point dans la ville. Ils se logent dans les barques dont le port est couvert, et qui forment une seconde ville presque aussi peuplée que la première. Ajoutez-y cette foule innombrable de paysans qui arrivent tous les jours des villages voisins, et rendent cette capitale encore plus vivante.

Ce qui en augmente encore le mouvement, c'est que les artisans, les barbiers, les tailleurs, les menuisiers, etc., au lieu de rester dans leurs maisons, courent les rues, vont chercher de l'ouvrage en ville, et portent avec eux tous les instrumens de leur profession. Il n'est pas jusqu'aux forgerons qui n'aient leur marteau, leur enclume, leur fourneau et leur soufflet. Les personnes riches, celles même d'une condition moyenne, se font suivre par les gens qui leur sont subordonnés, de sorte que l'on a peine à se tirer de la cohue et des embarras de cette ville impériale. Dans ce concours prodigieux on ne rencontre pas une femme. Que serait-ce si, comme en Europe, elles avaient la liberté d'aller et venir, soit pour leurs plaisirs, soit pour leurs affaires. La population de Pékin doit être bien considérable, puisque ses rues peuvent à peine contenir la moitié de ceux qui l'habitent.

La multitude est si grande que l'on croirait que toutes les provinces de l'empire y accourent pour quelque spectacle extraordinaire. Il faut encore y ajouter les chevaux, les mulets, les chameaux, les chaises, les charriots, les voitures nécessaires soit pour les approvisionnemens de la ville, soit pour l'usage des personnes qui ne vont point à pied. Heureusement pour les piétons que les conducteurs tiennent leurs bêtes par la bride, et que les voitures ne vont pas plus vite que le pas ordinaire de l'homme. En Chine, les chevaux cèdent le pas aux citoyens, et l'on ne permet pas que des traitans, des courtisanes, et des petits-maîtres jouent à l'envie à qui aura l'avantage d'épouvanter l'honnête bourgeois fuyant à grands pas, dans la crainte d'expirer sous la roue de leur char. On y voit encore moins le spectacle révoltant et risible de mille carrosses mutuellement accrochés, demeurer immobiles des heures entières, tandis que l'homme doré, l'homme imbécille qui se fait traîner, oubliant qu'il a des jambes, se lamente de ne pouvoir avancer.

Il serait difficile de se tirer de ce chaos, si les rues n'étaient pas extrêmement larges ; elles sont du reste presque toutes tirées au cordeau. La plupart ont une lieue de longueur, et sont bordées de riches boutiques qui, malgré le peu d'élévation des maisons, produisent un assez bel effet. Les pilastres peints et vernis, rangés des deux côtés de chaque boutique, forment un embellissement pour les rues, et leur donnent l'air d'une décoration de théâtre.

La ville est partagée en une infinité de quartiers soumis à certains chefs qui ont inspection sur un certain nombre de maisons, et rendent compte au gouverneur de tout ce qui se passe dans leur district. Chaque père de famille répond aussi de la conduite de ses enfans et de ses domestiques ; il est obligé de mettre un écriteau sur sa porte qui dénote le nombre et les qualités de ceux qui demeurent avec lui. La ville est gardée par des soldats qui marchent toujours le fouet à la main, frappent sans distinction sur tous ceux qui causent du tumulte, mais n'assassinent pas les gens paisibles à coups de sabre, comme les gendarmes à Paris.

Les Chinois qui, dans leurs fêtes, prodiguent les lanternes, ne sont point dans l'usage d'en employer à éclairer la ville ; aussi dès que la nuit paraît on ferme les barrières aux extrémités de chaque rue.

Elles ne s'ouvrent qu'à des gens connus, pour de bonnes raisons et dans un besoin pressant ; autrement on est arrêté par les sentinelles et mené en prison. Les soldats qui se promènent d'un corps de garde à l'autre, agitent continuellement une cliquette pour faire connaître qu'ils sont à leur devoir. Ils doivent encore répondre à tous les cris des sentinelles placées dans la même rue. Les officiers et les soldats en faction sont les seuls à qui il soit permis de porter des armes. Le gouverneur fait tous les jours sa ronde, arrive au moment où on l'attend le moins, et punit avec sévérité la moindre négligence.

Dans les principaux quartiers, il y a une cloche ou un tambour qui sert à marquer les veilles de la nuit. Chaque veille est de deux heures. La première commence à la fin du jour ; tant qu'elle dure, on frappe de temps à autre sur le tambour ou sur la cloche. On donne deux coups durant la seconde veille, trois pendant la troisième, et ainsi des autres, de sorte qu'en quelque temps que l'on s'éveille, on peut savoir à peu près quelle heure il est. Pendant ce temps-là, on entend une chanson qui dit : « Obéissez à vos parens ; res-« pectez les vieillards et vos supérieurs ; « vivez dans l'union ; ne commettez point « d'injustices. »

Une des curiosités de cette capitale est son observatoire. C'est une grande tour carrée, contiguë au mur de la ville tartare, et qui domine sur une vaste étendue de pays. Ce bâtiment n'a rien de magnifique, mais on y trouve une sphère armillaire, des globes, des télescopes, et quantité d'instrumens de mathématique, de physique et d'astronomie. Avant l'arrivée des missionnaires, les Chinois n'avaient que des instrumens grossiers et très imparfaits. Depuis ils les ont changés ; mais, par respect pour l'ancienneté des premiers, on les conserve encore dans une salle voisine. Ceux de cuivre, que les jésuites leur ont substitués, sont grands, bien fondus, ornés de figures de dragons, et fort commodément placés sur la plate forme de la tour. Ces jésuites ont rendu des services aux Chinois en leur faisant part de nos connaissances acquises; mais ils leur en auraient rendu bien davantage, si la manie du prosélytisme religieux ne les eût portés à trahir le monarque qui les comblait de bienfaits, et qui s'est vu forcé de les reléguer à Macao, ville habitée en partie par les Portugais.

LETTRE IV.

Empire Chinois. — Gouvernement. — Tribunaux. — Noblesse. — État des arts. — Iles diverses.

Le gouvernement de la Chine, sans être précisément monarchique ou despotique, paraît tenir de ces deux espèces de régime. Si d'un côté on se prosterne devant l'empereur comme devant un Dieu ; s'il est décoré de tous les titres de la divinité ; s'il est le souverain de la religion comme de la police ; s'il dispose souverainement des hommes, des charges, des finances ; s'il a le pouvoir de choisir l'héritier du trône, hors de sa famille même ; s'il exerce une autorité qu'aucune puissance ne peut restreindre ; d'un autre côté, il n'est point d'état où la vie, l'honneur et les besoins des hommes soient protégés par un plus grand nombre de lois ; les souverains regardent ces mêmes lois comme leur plus ferme soutien, les peuples comme leurs enfans, les magistrats comme leurs frères.

Le monarque chinois sait que sa nation ne lui est attachée que par la persuasion qu'il fait son bonheur; que s'il se livrait un moment à l'esprit de tyrannie, des secousses violentes le précipiteraient du trône. Placé à la tête d'un peuple qui l'observe et qui le juge, qui connaît ses droits et sait les défendre, il est à la Chine ce qu'on veut faire croire aux autres princes qu'ils sont ailleurs, l'amour et l'idole de la nation. Ce n'est pas comme conquérant, ce n'est pas comme législateur qu'il a de l'autorité, c'est comme père, c'est en père qu'il est censé gouverner, récompenser et punir. Ainsi ce gouvernement, despotique par sa nature, est monarchique et paternel dans son exercice.

Qu'est-ce en effet qu'un despotisme où l'on voit des corps entiers de magistrats et de savans qui osent faire des remontrances et donner des leçons à leur despote. Tel est le devoir de ce qu'on appelle en Chine le *tribunal des censeurs*. Non-seulement ils tiennent dans la crainte et dans l'observation des lois les juridictions subalternes, examinent les décisions des autres tribunaux, les cassent ou les approuvent, selon qu'elles leur paraissent injustes ou équitables; mais ils sont encore les organes dont le peuple se sert pour porter ses plaintes au pied du trône, pour représenter au souverain les droits et les priviléges des sujets.

De tous les temps, les censeurs ont dit avec une noble fermeté aux empereurs ce qu'ils ont cru de plus convenable au bien de l'état. Dès que l'intérêt de l'empire le demande, ils ne ménagent ni grands seigneurs, ni mandarins, quelque protection que leur accorde le monarque. L'amour de la gloire et du devoir l'emporte sur toute autre considération ; et dès qu'il faut remplir leur charge, ils comptent pour rien l'interdiction, l'exil, la mort même. Les annales de la Chine en offrent plus d'un exemple, je ne citerai que ce seul trait.

Douze mandarins résolurent de dévoiler à l'empereur Ti-Siang les sentimens de haine que son extrême cruauté avait inspirés aux Chinois. Celui qui le premier se chargea de cette commission fut scié en deux par ordre du tyran. Le second fut appliqué à la torture et souffrit une mort cruelle. Le troisième, non moins intrépide, fut poignardé par l'empereur même. Il n'y en eut qu'un qui échappa à sa fureur, quoiqu'il ne montrât pas moins de courage. Il se rendit au palais, portant en ses mains les instrumens de son supplice. « Voilà, prince, s'écria-t-il, voilà « les fruits que vos fidèles serviteurs ob- « tiennent de leur zèle; je viens chercher

« ma récompense. » L'empereur frappé de tant d'intrépidité, lui pardonna sa hardiesse et changea désormais sa conduite.

Les réglemens généraux émanent du trône; mais par la constitution de l'état, le prince ne fait rien sans avoir consulté des hommes élevés dans les lois, et élus par les suffrages. Il partage avec eux le soin pénible de la royauté; il prend connaissance de toutes les affaires; on lui présente des requêtes, soit pour demander des graces, soit pour se plaindre de vexations, soit pour l'avertir de ses propres fautes.

Le gouvernement de la Chine roule uniquement sur les devoirs mutuels des pères et des enfans. Le souverain porte le nom de *père de l'état.* Un vice-roi est le père de la province où il commande, comme un mandarin est celui de la ville qu'il gouverne. Un profond sentiment de respect dans les enfans pour ceux dont ils ont reçu le jour, les entretient dans une parfaite disposition à l'obéissance civile. La soumission, qui conserve la paix dans les familles, produit dans les villes une tranquillité qui fait régner le bon ordre.

Les princes du sang n'ont aucun droit aux titres et aux honneurs sans la permission expresse du monarque. Ceux dont le mérite ne répond point à la naissance, ne sont connus que par la ceinture jaune qui est la marque du sang royal. Cette couleur est regardée comme sacrée, et celui qui en est décoré n'a pas besoin d'autre sauve-garde; elle lui attire partout des marques de respect. On l'a choisie comme l'emblême du soleil, auquel le monarque est comparé. L'empire est rempli de ces princes qui tous descendent de quelque ancienne dynastie, et qu'on reconnaît à leur ceinture.

La noblesse n'est héréditaire que dans la famille royale, et dans celle de Confucius. Le fils d'un premier ministre rampe avec le peuple, s'il ne s'élève par son propre mérite ; il hérite des biens et non des honneurs de son père. Lorsque le prince accorde la noblesse, il peut étendre cette prérogative aux ancêtres et aux descendans jusqu'au nombre de générations que bon lui semble. En qualité de grand pontife, il a le pouvoir de béatifier et même de canoniser ceux qui se sont rendus utiles par d'importans services, ou recommandables par de grandes vertus. Il peut même en faire des dieux, leur ériger des temples, et obliger les peuples de les adorer. Enfin son autorité prévaut sur l'usage, ce qui est passablement ridicule, puisqu'il ne tiendrait qu'à lui de changer la forme de gouvernement établi, s'il lui en prenait la fantaisie.

On compte à Pékin six cours souveraines qui ont une inspection générale sur une infinité de tribunaux particuliers. La première veille à la conduite des magistrats, et avertit le prince quand il vaque un office de mandarin, afin qu'il y pourvoie sans délai. La seconde a la direction des finances. La troisième est le tribunal des rites, chargé de la conservation des anciennes coutumes, des cérémonies concernant la religion, des sacrifices, de la réception des ambassadeurs, des fêtes, des arts, des affaires étrangères, etc. La quatrième qui a le département de la guerre, étend sa juridiction sur les troupes, les officiers qui les commandent et les armes. La cinquième juge souverainement des affaires criminelles. La sixième a la surintendance générale des bâtimens royaux, des ponts-et-chaussées, des temples, des arcs de triomphe, des digues, enfin de tous les ouvrages publics et de la marine.

Les six juridictions de Pékin sont subordonnées au conseil de l'empereur, composé des princes du sang, des ministres et des mandarins de première classe. Sa majesté y préside en personne, et après lui le premier ministre de l'empire. On y juge toutes les causes d'appel : on y examine les grandes affaires, et le prince y donne ses dernières résolutions. Ce tribunal suprême se tient dans l'intérieur du palais, ce qui lui a fait donner le nom de *cour du dedans*. Pour empêcher que des corps si nombreux et si puissans ne portent atteinte à l'autorité souveraine, on a établi dans chaque conseil un inspecteur préposé par le prince pour examiner ce qui s'y passe. Il n'y a point de voix délibérative, mais il assiste à toutes les assemblées, et sa charge l'oblige d'avertir l'empereur des résolutions les plus secrètes, et surtout des malversations et des injustices.

A certains jours de l'année, l'empereur convoque les grands, les premiers mandarins des tribunaux, pour leur faire une instruction. Ceux-ci en usent de même dans leurs départemens. Deux fois par mois, ils assemblent le peuple, et lui exposent familièrement quelque point de morale. C'est le prince lui-même qui assigne les matières de ces sermons politiques. Ainsi, les Chinois sont des enfans à qui on fait le catéchisme.

Pour éclairer la conduite des magistrats, et les maintenir dans leurs devoirs, il s'imprime journellement à Pékin une gazette dont toutes les nouvelles roulent principalement sur l'administration bonne ou mauvaise des mandarins. On y lit les noms de ceux qui ont été dépouillés de leurs charges, et les causes de leur disgrace. On rapporte les sentences des tribunaux, les malheurs arrivés dans les provinces, ce qu'ont fait les gouverneurs pour secourir les peuples; les dépenses ordinaires et extraordinaires du prince, les graces qu'il accorde, les remontrances qu'on lui adresse à lui-même; les éloges qu'il donne à ses ministres, les réprimandes et les menaces qu'il leur fait; cette gazette contient un détail fidèle et circonstancié de toutes les affaires de l'état, et est présentée à sa majesté avant d'être rendue publique.

La manière de lever les contributions paraît assez simple. Chaque citoyen, depuis vingt ans jusqu'à soixante, paie un tribut personnel proportionné à ses facultés. Les champs sont mesurés tous les ans vers l'époque de la moisson. On sait ce qu'ils doivent rapporter, et l'impôt est réglé en conséquence. Toutes les terres y sont assujéties, même celles qui dépendent des temples. Le sacerdoce et la noblesse ne sont point un titre d'exemption. Le plus ancien tribut qui se soit levé à la Chine, était une dîme sur les terres en état d'être cultivées. Peu à peu les empereurs ont imposé d'autres droits sur les métaux, sur les marchandises et sur les denrées. Ils ont établi des droits d'entrée dans les différentes provinces de l'état, et ils ont aujourd'hui des douanes, à peu près sur le même pied que dans les royaumes d'Europe.

Pendant les travaux de la campagne, c'est-à-dire depuis le printemps jusqu'à la récolte, il n'est pas permis aux mandarins d'inquiéter les paysans au sujet de l'impôt. Dans les autres temps, outre la bastonnade pour les mauvais payeurs, les magistrats délivrent des billets aux pauvres qui vont s'installer chez les débiteurs, et se faire nourrir jusqu'à ce que le montant de la somme due soit acquitté. L'impôt ordinaire produit un revenu immense; non que chaque particulier soit fort chargé, mais à cause de la multitude prodigieuse des imposés. Il se perçoit partie en argent et partie en denrées. Celles-ci se distribuent en nature aux officiers, soit dans les provinces, soit dans la capitale, et font partie de leur traitement. Le reste se partage entre les pauvres et les vieillards.

Dans des temps de calamité, on accorde aux laboureurs la quantité de grains nécessaire pour ensemencer leurs champs. On remplit les magasins tous les trois ou quatre ans, et, pendant la disette, l'empereur fait vendre ce grain à un prix plus bas que dans les temps de fertilité. Il y a toujours sur l'état de la maison du prince, plusieurs millions destinés à cet emploi; mais ses revenus sont si considérables, que toutes ces libéralités n'y causent aucune diminution sensible.

On assure que la Chine contient près de deux cent millions d'habitans. On y trouve, dit-on, en abondance, toutes les choses nécessaires à la vie; des grains de toutes espèces, une grande quantité de liqueurs et de fruits, toute sorte de bétail, de gibier, de volaille, de poissons; le sel, le sucre, les épiceries; des vins de riz très délicats, plus nourrissans, et moins nuisibles que ceux de la vigne; le thé enfin, cette feuille si généralement connue, qui s'envoie dans toutes les contrées de l'univers; voilà ce que le pays produit pour la nourriture. Cela n'empêche pas que des provinces presque entières périssent de faim et de misère, de temps à

autre, et qu'on ne leur porte des secours
que lorsqu'elles sont à peu près dépeu-
plées.

A l'égard des vêtemens, le pays fournit
des toiles de chanvre et de coton, des
étoffes de soie et de laine, des fourrures
superbes suivant la diversité des lieux et
des saisons. Les gens aisés y sont logés
commodément et proprement. Le vernis,
la peinture, la dorure, brillent dans les
palais des souverains et des grands. Le
commerce n'est pas moins florissant. Les
mandarins donnent leur argent, pour le
faire valoir, à des négocians qui vont
trafiquer au Japon, à Siam, aux Manilles,
à Batavia, à Formose, etc. Ils y portent
la porcelaine, les ouvrages vernissés, le
sucre, le riz, le thé, les drogues médicinales qu'ils troquent contre de l'argent,
de l'or, des perles, des draps d'Europe.
Mais le commerce le plus considérable est
celui qui se fait dans l'intérieur de l'empire. Les rivières, les canaux, sont perpé-

tuellement couverts de barques, et les grands chemins de charrettes, de chameaux, de mulets, de chevaux et d'hommes, qui transportent, d'une province à l'autre, les marchandises qui conviennent réciproquement. Ce commerce est plus étendu que celui que font entre elles toutes les nations de l'Europe, et la Chine est un marché général qui l'emporte peut-être sur toutes nos foires réunies.

La justice se rend en Chine avec promptitude et sans formalités. Le code est simple et clair, et l'on présume que chaque citoyen est en état d'instruire son juge, comme ailleurs son avoué et son avocat. Le demandeur rédige ses griefs par écrit; l'officier de justice remet le mémoire au mandarin; le défendeur est appelé. Chacun plaide sa cause, et l'affaire est jugée sur-le-champ. Celui qui a tort évite rarement la bastonnade. Ce gouvernement serait admirable peut-être, sans cette affreuse coutume d'assujétir au bâton les ordres les plus respectables de l'état, comme la classe la plus vile du peuple, et cela pour des causes assez légères. Le Chinois n'est conduit ni par la vertu, ni par l'honneur; il est régi par le fouet et le bâton qui avilissent l'ame, et amortissent les sentimens généreux, seuls défenseurs de la liberté.

J'avais entendu vanter, en voyageant en Europe, une racine du nom de *gingseng*, à laquelle on attribue des vertus singulières. Je n'ai pas manqué l'occasion de prendre des renseignemens positifs à son sujet, dans le pays dont elle est indigène. Si l'on en croit les Chinois, ses propriétés sont admirables, et ils y ont recours, comme à la dernière ressource, dans toutes leurs maladies. Point de diarrhée, de faiblesse d'estomac, de dérangement d'intestins, d'engourdissement, de paralysie, de convulsions, qui ne cèdent au ging-seng. Il est merveilleux pour rétablir les forces affaiblies, faciliter la transpiration, purifier le sang, augmenter l'humide radical, ranimer les vieillards, les agonisans, retarder la mort, réparer dans un instant la perte qu'occasionnent les plaisirs de l'amour, et les inspirer aussitôt.

Cette plante croît principalement dans la province de Chan-tong, et dans la Tartarie chinoise. L'empereur envoie tous les ans un détachement de dix mille hommes pour la cueillir. La récolte est interdite à tout autre. Après que cette armée d'herboristes s'est partagée le terrain, chaque troupe, au nombre de deux cents, s'étend sur une même ligne, jusqu'à un point marqué. Ils cherchent ensuite l'arbuste en question, et parcourent ainsi pendant plusieurs jours l'espace qui leur est assigné. Les lieux qui le produisent sont environnés d'une barrière, autour de laquelle les gardes rôdent sans cesse; mais quelque vigilance qu'on y apporte, l'avidité du gain ferme les yeux sur le danger.

La tige du gin-seng, quoique hérissée d'une espèce de poil, est fort unie, assez ronde, et d'un rouge foncé, excepté dans la partie basse où elle commence à blanchir. Elle s'élève à la hauteur d'environ dix-huit pouces, et vers la cime elle pousse des rameaux d'où naissent des feuilles oblongues, menues, cotonneuses, et dentelées dans leur contour. Il y a différentes manières de faire usage de cette production; voici celle qui paraît la plus usitée. Lorsqu'elle est sèche, on met de l'eau dans un vase, on la fait bouillir, et l'on y jette le gin-seng coupé en morceaux. On couvre le vase, et quand l'eau est devenue tiède, on la boit à jeun comme du thé.

Cette plante est si estimée en Chine, que l'empereur crût faire un grand présent au czar, en lui en envoyant une boîte. A l'égard des vertus qu'on lui attribue, j'ai vu des personnes qui en ont fait usage dans tous les cas où on la dit si merveilleuse, et qui avouent qu'il y a beaucoup d'exagération. Ainsi je n'y ajoute pas plus de foi qu'à ce qu'on raconte d'un certain lézard qu'on appelle tantôt *dragon de muraille*, parce qu'il se glisse le long des murs, et tantôt *garde des dames*, parce qu'il sert, dit-on, à éprouver et à conserver la vertu des femmes. On prétend que les empereurs sont dans l'usage de frotter le poignet de leurs concubines d'un onguent composé de la chair de cet animal; que cet onguent leur imprime une marque qui ne s'efface point tant qu'elles sont chastes, mais qui disparaît dès qu'elles ont fait une brèche à leur honneur.

La Chine ne paraît pas avoir été connue des anciens. Cependant les Chinois sont constitués en corps de nation depuis un temps immémorial. On prétend que leurs annales remontent à quatre mille cinq-cents ans. Vingt-deux dynasties successives ont occupé le trône, souvent partagé en deux monarchies, l'une du nord, l'autre du sud. Les Mongols, sous la conduite de Gengis-kan, s'emparèrent en 1220 des provinces septentrionales. Vers la fin du même siècle, un même souverain réunit tout l'empire sous ses lois jusqu'en 1627, époque ou les Tartares Mantchoux en firent la conquête et fondèrent la dynastie qui règne aujourd'hui. L'empereur *Kiu-King* en possession du trône depuis 1796, par l'abdication volontaire de son père *Kian-Loung*, est le cinquième de cette dynastie.

Le climat d'un empire aussi étendu est nécessairement très varié. Vers le nord, le voisinage des montagnes de la Tartarie, toujours couvertes de neige, y rend les hivers tellement rigoureux que le thermomètre y descend habituellement durant la nuit à vingt degré au-dessous de la glace, et il s'élève rarement au-dessus pendant le jour. Vers le midi il descend quelquefois en hiver à un ou deux degrés au-dessous ; l'été, la chaleur le fait monter jusqu'à trente-deux degrés. Entre ces deux extrêmes, l'empire doit jouir de tous les degrés successifs de température, et aucun des végétaux connus dans nos contrées n'est étranger à son territoire.

La Chine renferme deux grandes chaînes de montagnes, l'une à l'ouest, et courant du nord au sud; l'autre au midi, courant de l'est à l'ouest; et ensuite au nord, le long des côtes. Deux chaînes jettent dans l'intérieur quelques rameaux moins élevés qui séparent et règlent le cours des rivières plus ou moins considérables. Le reste du sol se compose de vastes plaines que des fleuves et des rivières sans nombre arrosent de toutes parts, et dont la fertilité naturelle est entretenue et augmentée par une incroyable industrie. L'agriculture a nécessité la destruction de presque toutes les forêts; il n'en subsiste que dans les terrains qui se sont trouvés trop arides, et dans les parcs des maisons impériales dont les bois très étendus, paraissent plutôt des créations de l'art que de la nature.

Deux fleuves immenses, le fleuve *Jaune* au nord, et le fleuve *Bleu* au centre, divisent la Chine en deux grands bassins. Toutes les rivières de cet empire, dont plusieurs égalent nos grands fleuves d'Europe, se jettent dans ces deux fleuves, excepté le *Pei-ho* vers le nord, et le *Haang-kiang* au midi des montagnes. Malgré cette quantité de fleuves et de rivières, la Chine, comme l'Égypte, manque d'eau bonne à boire, parce que toutes les eaux descendant rapidement des montagnes, et coulant ensuite lentement dans des plaines marécageuses, et presque de niveau, ne peuvent se dégager du limon qu'elles entraînent au commencement de leur course.

A ces fleuves dirigés de l'ouest à l'est, il faut joindre le grand canal qui les coupe tous du nord au sud, et les fait communiquer ensemble. Il a plus de deux cents lieues de long, et forme la communication habituelle de la capitale avec les provinces méridionales. Une grande quantité d'autres canaux existent dans chaque province, avec leurs embranchemens pour atteindre toutes les villes et presque tous les villages. Des lacs vastes et nombreux, disséminés dans tout l'empire, facilitent beaucoup l'exécution de ces travaux.

Les montagnes de la Chine sont riches en toute espèce de minéraux, excepté le plomb et l'étain qui y sont rares. On exploite peu les mines d'argent, pour ne point nuire à l'agriculture, et l'or se tire principalement du sable de quelques montagnes vers l'ouest. Ces deux métaux sont considérés en Chine, comme marchandise. La monnaie courante n'est qu'en cuivre, et les forts paiemens se font en lingots dont le poids et le titre sont vérifiés. Le charbon de terre abonde, et s'emploie généralement dans les provinces du nord. Les marbres, les jaspes, le lapis, le cristal de roche, existent aussi dans les montagnes; mais les pierres précieuses y manquent absolument.

Les manufactures de toute espèce sont nombreuses dans cet empire; celles de papier, d'étoffes de soie, et surtout de porcelaine, jouissent depuis plusieurs siècles d'une juste célébrité. Le Chinois cultive presque tous les arts, mais son orgueil l'empêche de les porter au degré de perfection qui leur manque. Plus avancé que tous les peuples de l'Europe, lorsqu'il en fut connu, il excita leur admiration; mais il est resté au même point où il se trouvait alors. Avant l'arrivée des missionnaires, les Chinois ne connaissaient point l'horlogerie. Ils avaient des cadrans solaires, et d'autres mesures pour régler les heures. Nos montres passent, parmi le peuple, pour des êtres animés qui dorment après quelque mouvement, jusqu'à ce que la clef les réveille. Si la montre se dérange, on dit qu'elle est morte. On dit que les Anglais profitent de cette erreur pour revendre chèrement la même montre qu'ils ont ressuscitée à peu de frais.

Nous eûmes occasion de visiter une des plus belles imprimeries de Pékin, si l'on peut appeler de ce nom une typographie très ancienne à la vérité, mais qui ne fait proprement qu'estamper ses ouvrages. On croit que cet art a été connu dans ce royaume, long-temps avant l'ère chrétienne; et l'on sait que l'empereur Yventi, qui régnait vers le milieu du sixième siècle, avait déjà une bibliothèque composée de plus de cent quarante mille volumes, sortis pour la plupart des imprimeries chinoises. Le Japon, les Indes, la Perse ont fourni de temps immémorial des toiles peintes, où les couleurs s'impriment au moyen de plusieurs planches de bois sur lesquelles les fleurs sont gravées en relief. Ces planches sont chargées de différentes couleurs, et s'appliquent l'une après l'autre sur une même toile, où chacune laisse la teinte dont elle est enduite.

L'art de graver en bois était donc connu et exécuté avec succès dans de vastes pays, long-temps avant que nous en eussions la plus légère idée. Peut-être même leur sommes-nous redevables de cette invention, car notre imprimerie telle que Guttemberg la pratiquait à Mayence, ne fut d'abord qu'une pareille gravure. Dans les commencemens nous n'imprimions que d'un côté, comme on fait en Chine, et il n'était pas même besoin de chercher si loin des modèles de ce genre d'impression. Une partie des inscriptions qui sont au bas des sculptures que l'on voit dans les anciennes cathédrales, sont taillées en relief, avec la surface plate, comme les premières planches d'imprimerie. Il n'y a que de l'encre et du papier à y mettre pour en tirer l'impression. L'art et le mécanisme des planches en caractères de bois étaient donc en usage, même parmi nous, long-temps avant Guttemberg, dont le premier essai n'a paru qu'au quinzième siècle.

Quant à l'impression, on peut encore la faire paraître avant cet artiste. Les cartes à jouer qui sont imprimées avec des planches de bois gravées et ensuite coloriées, étaient aussi très connues en France, en Allemagne, en Italie, en Angleterre, dès le quatorzième siècle. Mais ce que l'on peut regarder comme une invention, c'est l'impression en caractères mobiles. Ce mode est d'une grande utilité pour nous, donc les langues qui ne sont composées que de vingt-quatre lettres peuvent, au moyen de leurs combinaisons, former de gros volumes. Il suffit, dans les imprimeries d'Europe, et des autres parties du monde, où les langues se composent des mêmes lettres, d'avoir une certaine quantité de caractères que les ouvriers arrangent sur une planche, et qu'ils défont ensuite, pour en former à leur gré de nouvelles. Mais le génie de la langue chinoise ne permet pas d'employer cette méthode; aussi ces peuples ont-ils dû adopter une autre manière d'imprimer, et voici celle qu'ils suivent.

Les auteurs font transcrire leurs ouvrages par une bonne main sur un papier transparent. Le graveur colle chaque feuille sur une planche de bois dur et poli, et avec un burin, il suit les traits et taille les caractères en relief, abattant tout le reste du bois sur lequel il n'y a rien de tracé. Ainsi les planches une fois faites, elles subsistent toujours, et l'on peut n'imprimer qu'à proportion du débit; mais la multiplication de ces planches est un grand inconvénient. Quand elles sont gravées, le papier coupé, l'encre prête, un seul homme, sans se fatiguer, peut tirer chaque jour près de deux mille feuilles. On ne se sert point de presses; les planches qui sont d'un bois fort mince, ne résisteraient pas au poids de ces machines. On a deux brosses, dont l'une trempée dans de l'encre pour noircir les caractères, et l'autre, qui est oblongue et douce, presse le papier qui ne se mouille pas comme dans nos imprimeries; on l'applique à sec sur la forme. L'encre que l'on emploie est faite avec de la suie, de l'eau-de-vie, de l'eau simple et de la colle de bœuf. On n'imprime que d'un côté, parce que le papier est transparent.

Les Chinois couvrent leurs livres de carton, de satin, de taffetas, ou de brocard semé de fleurs d'or et d'argent. Mais cette manie si fort à la mode en France, et dans d'autres pays de l'Europe, de faire parade d'une riche collection de livres, ne règne point encore parmi eux. On ne les voit pas se repaître de l'unique plaisir de contempler l'arrangement et la symétrie d'une bibliothèque composée de livres qu'on ne lit pas. La bibliomanie leur paraîtrait le comble du ridicule pour ceux qui n'ont ni les dispositions, ni la volonté d'en faire usage. Ces collections, portées jusqu'au luxe, passeraient pour une prodigalité ruineuse, et ce goût bizarre, qui fait donner la préférence, et mettre un prix exorbitant, à certains livres, qui n'ont d'autre mérite que la rareté, pour un travers d'esprit peu digne de tout homme capable de penser.

Au reste, il faut convenir qu'une bibliothèque nombreuse, ne fût-elle composée que des meilleurs livres, des ouvrages les plus propres à l'instruction, serait de bien peu d'utilité à un Chinois, dont toute la vie suffit à peine pour apprendre à lire et à écrire. C'est probablement cette difficulté qui fait que ce peuple, parvenu à un certain degré de connaissances, n'a jamais été plus loin, et n'a pas pu atteindre cette perfection à laquelle les autres nations sont successivement arrivées. Il en est résulté dans les usages, dans les institutions, dans les costumes chinois une telle invariabilité, que depuis un temps immémorial, les sciences et les arts, les édifices et l'habillement offrent toujours les mêmes objets.

Les édifices publics les plus remarquables consistent en des tours ou des pagodes carrées ou octogones de neuf étages, diminuant successivement de grandeur, et se terminant presque en pointe. Les toits vernis ou dorés qui séparent les étages, ornés de sonnettes, de dragons, et les murs peints de diverses couleurs, revêtus quelquefois de carreaux de porcelaine, présentent un ensemble assez pittoresque. On voit aussi quelques arcs de triomphe en forme de grandes portes; ce sont tantôt des monumens publics, tantôt des édifices consacrés par des particuliers à la reconnaissance, ou à la mémoire d'événemens importans.

La grande muraille qui borde les frontières septentrionales de la Chine est un des ouvrages les plus extraordinaires. Longue de treize cent mille, elle a généralement vingt-cinq pieds de hauteur, avec un parapet garni de créneaux, vingt-un pieds d'épaisseur à sa base, et quatorze dans le haut. Elle est flanquée, de cent pas en cent pas, de tours carrées et massives, de trente-sept pieds de haut sur trente-six de large. Les fondations, les bases, les encoignures, les jambages et le couronnement sont en granit gris, tout le reste en briques bleues de quinze pouces de longueur sur quatre d'épaisseur. Quelquefois la muraille est double et même triple, suivant l'importance des passages. Elle s'élève sur les plus hautes montagnes, descend dans les vallées les plus profondes, et traverse sur des arches les rivières qu'elle rencontre. Elle est fort bien entretenue, et si bien conservée, que l'on hésite à fixer l'époque de sa construction. Les uns lui donnent deux mille ans, les autres six cents. Quoi qu'il en soit, l'idée seule de cette entreprise étonne autant que son exécution.

On porte à plus de deux mille le nombre des villes murées, souvent flanquées de tours, et entourées de fossés pleins d'eau; plusieurs renferment de vastes jardins, et même des champs cultivés; mais les principales villes de cet empire sont Pékin, Nankin et Canton, capitales des trois grandes divisions. Canton est la seule ville dont le port soit ouvert aux étrangers. C'est là que se fait tout le commerce extérieur. On y compte quinze cent mille habitans, dont une grande partie n'a pour domicile que des barques. Il n'est point de nation européenne qui n'y possède un comptoir.

La Chine est un pays si vaste qu'il nous eût fallu employer beaucoup de temps pour parcourir toutes les parties qui en dépendent, et les difficultés que l'on éprouve dans les voyages, qui ne se font pas là aussi librement que dans les autres contrées du monde, nous ont souvent forcés de recourir aux renseignemens;

mais nous avons eu l'attention de ne les prendre que de bonnes sources. C'est d'après ces données que nous vous ferons connaître les îles soumises à l'empire de la Chine, ainsi que celles qui en sont seulement tributaires.

A six cents pas de la rive du Yang-Tse-kiang, est une île charmante appelée *Chin-Schan*, ou la montagne d'or. Elle est couverte de maisons de plaisance, toutes ornées de jardins. L'art et la nature semblent s'être réunis pour lui donner la plus belle perspective que l'on puisse imaginer. Elle appartient à l'empereur. C'est dans la campagne des environs que croît principalement l'arbuste qui fournit cette espèce particulière de coton dont on fait l'étoffe connue en Europe sous le nom de *nankin*. Le duvet, ordinairement blanc, naît ici avec cette même couleur de jaune-rouge qu'il conserve lorsqu'il est filé et tissé.

L'île *Formose*, ainsi nommée par les Européens, d'après les Portugais, et que les Chinois appellent *Tai-Ouan*, mérite, sous tous les rapports, le nom que lui ont donné les Portugais, car elle est généralement fort belle. Ce n'est que sous le règne de l'empereur Cang-Hi que les Chinois ont commencé à y pénétrer. Elle leur appartient maintenant depuis qu'ils en ont chassé les Hollandais, en 1661. Ceux-ci en avaient dépossédé les Portugais. Elle est partagée par une chaîne de montagnes en deux parties : l'une est habitée par les Chinois, l'autre est restée aux naturels du pays.

La côte de l'île Formose, que possèdent les Chinois, est une excellente acquisition. L'air y est pur et toujours serein ; le terroir, fertile en toutes sortes de grains, en riz, en cannes à sucre, est couvert de forêts magnifiques, et arrosé d'une infinité de ruisseaux qui descendent de montagnes escarpées et bien boisées. Les bœufs servent de monture ordinaire, faute de chevaux et d'ânes. Les bêtes fauves n'y sont pas nombreuses, mais on y voit des cerfs et des singes par troupeaux. Les poissons fournissent une nourriture aussi abondante que variée. Les faisans, les coqs de bruyère, les pigeons, fourmillent dans les bois. Si les tremblemens de terre étaient moins fréquens et moins destructeurs, si les eaux des rivières étaient aussi bonnes à boire qu'elles sont propres à fertiliser les terres, il n'y aurait rien à désirer dans cette île, qui d'ailleurs produit tout ce qui est nécessaire et agréable à la vie.

Cette île a un gouverneur chinois, avec une garnison de dix mille hommes ; mais son autorité ne s'étend que sur la côte occidentale. *Tai-Ouan* est fort peuplée et très riche. Les rues de cette ville sont tirées au cordeau, et couvertes, pendant sept à huit mois de l'année, pour garantir de l'ardeur du soleil. On y voit des magasins et de superbes boutiques, ou les soieries, la porcelaine, les vernis, et d'autres marchandises sont rangées avec beaucoup d'art. Ainsi ces rues paraissent autant de galeries charmantes, où il serait agréable de se promener, si la foule des passans était moins grande, et si elles étaient mieux pavées. Cette ville est défendue par une bonne forteresse, construite par les Hollandais, et à laquelle ils avaient donné le nom de *fort Zelandia*.

La peuplade sauvage qui occupe la partie orientale et montagneuse de l'île Formose, ne reconnaît aucun gouvernement régulier. Semblables, pour le teint et la physionomie, aux Malais et aux insulaires de la mer du Sud, ils parlent une langue toute particulière. Leurs cabanes sont faites de bambou, et leurs meubles et ustensiles sont la plupart de cuir de cerf. Pour lit, ils se contentent de feuilles fraîches d'un certain arbre fort commun dans le pays, et pour habit, ils n'ont qu'une simple toile dont ils se couvrent depuis la ceinture jusqu'aux genoux. Leur peau est gravée de figures qui représentent des animaux, des arbres, des fleurs. Ils souffrent de très fortes douleurs pour être parés de cette sorte de distinction, qui ne s'accorde qu'à ceux qui sont reconnus avoir surpassé les autres à la course ou à la chasse.

Dans la partie du nord, où le climat est moins chaud, ils se couvrent de la peau des cerfs qu'ils ont tués à la chasse; ils s'en font un habit sans manches; ils portent aussi un bonnet en forme cylindrique, fait de feuilles de bananier. Ces montagnards, placés au milieu des mines d'or et d'argent, n'en font aucun cas. Quoique sans cesse en guerre avec les Chinois, ils sont extrêmement doux. Plus chastes et plus charitables que ceux de la plaine, ils ne connaissent aucun des vices qui déparent la société. Ils n'ont point de mot ni d'idée propre à exprimer l'adultère. Il y a des cantons où les maris ne demeurent point avec leurs femmes, ils vont les voir pendant la nuit, se lèvent de grand matin, et ne retournent point chez elles pendant tout le jour, à moins qu'elles ne les envoient chercher, ou que, les voyant passer, elles ne les appellent.

Le long séjour que les Hollandais ont fait dans l'île Formose y a répandu quelques notions de la religion chrétienne, de l'unité de Dieu, de la distinction en trois personnes, de la création et du baptême. Ces bonnes gens, qui ont à peine des cabanes, n'ont point de temples, mais ils offrent des sacrifices. Les femmes sont les prêtresses de la nation ; elles entrent dans une espèce d'extase, accompagnée de convulsions, se dépouillent de leurs vêtemens, font mille contorsions indécentes, et finissent par s'enivrer en l'honneur de leurs dieux.

La mort d'un de ces montagnards est, pour tout le village, un jour de réjouissance. On place le défunt sur un échafaud, on assemble le peuple au son du tambour ; les femmes apportent du vin de riz, et après qu'elles ont bien bu à la santé du mort, elles se mettent à danser, les unes après les autres, et cet exercice dure plusieurs heures. Le lendemain on allume un grand feu autour du corps pour le faire sécher; on fait la même chose pendant neuf jours de suite, et chaque jour on se régale de chair de porc, qui est la nourriture la plus estimée du pays. On enveloppe ensuite le cadavre dans une natte, et on le transporte dans un lieu écarté, où il reste trois ans. Ce temps expiré, on l'enterre dans sa maison avec les mêmes cérémonies de festins et de danses.

Les Formosans croient qu'après cette vie les ames passent sur un pont fort étroit, sous lequel coule un canal rempli d'immondices; que les méchans y tombent, et y languissent éternellement. Les bons, au contraire, entrent dans un séjour délicieux, dont ces insulaires parlent à peu près comme les poètes de leurs Champs-Élysées.

Une autre île qui n'est pas sans avantage pour l'empire chinois, est celle d'*Haynan* voisine de la province de Canton. Cette île a plus de dix-huit cents lieues de surface. La partie du nord est un pays plat et uni ; au midi s'élèvent de hautes montagnes. L'air y est malsain, et l'eau pernicieuse si on n'a pas la précaution de la faire bouillir. Mais les nombreuses rivières, et les pluies fréquentes dans certaines saisons, rendent les campagnes assez fertiles en sucre, indigo, coton, et surtout en riz, dont les habitans récoltent souvent deux moissons par année. La capitale, *Kioun-tcheou-fou*, est située sur un promontoire, et les vaisseaux viennent mouiller jusque sous ses murs.

Les indigènes, généralement très laids, d'une taille fort petite, et d'un teint cuivré, portent leurs cheveux passés dans un anneau sur le front. Ils vont presque nuds ; les femmes croient s'embellir, en se faisant, avec de l'indigo, des raies bleues, depuis les yeux jusqu'au bas du visage; les uns et les autres portent des boucles d'oreilles d'or et d'argent. Leurs armes sont l'arc et la flèche; mais ils se servent avec plus d'adresse d'une espèce de coutelas, qui leur sert aussi à faire les ouvrages de charpente, et à couper les bois et les broussailles, dans les forêts.

Outre les mines d'or, qui sont au centre de l'île, il y a plusieurs espèces de bois colorés dans la partie du nord; on les porte à Canton pour peindre la porcelaine. Les meilleurs bois, soit d'odeur, soit pour la sculpture, se tirent des montagnes d'Haynan. Le plus précieux, après le bois d'aigle, est celui que les Européens nomment bois de rose ou de violette. Il y a aussi un bois jaune qui est d'une beauté remarquable, et qui passe pour incorruptible. On le façonne en petites colonnes qui se vendent à un très haut prix. On pêche des perles sur les côtes.

Indépendamment des îles dont nous venons de parler, il en est d'autres qui, sans faire partie de la Chine, en sont tributaires. Telles sont celles de Leiou-Kiéou, au nombre de trente-six, placées entre la Corée, l'île Formose et le Japon, et soumises à un seul roi. L'empereur chinois qui régnait au commencement du septième siècle de l'ère chrétienne voulant faire la conquête de ces îles y envoya dix mille hommes de troupes. Le roi de Leiou-Kiéou fut tué dans un combat, les vainqueurs pillèrent, brûlèrent la ville royale, firent plus de cinq mille esclaves, et reprirent la route de leur pays.

Les autres empereurs abandonnèrent leurs prétentions sur ces insulaires, et ce ne fut qu'à la fin du quatorzième siècle que ces derniers se rendirent volontairement tributaires de la Chine. Depuis ce temps-là, leurs rois ont toujours reçu de l'empereur l'investiture de leurs états. Il y a environ neuf cents ans que les bonzes de la secte de Foé passèrent de la Chine dans cet archipel, où ils introduisirent leur idolâtrie. C'est aujourd'hui la religion dominante parmi les grands et chez le peuple. Il y a des femmes consacrées au culte des esprits, sur lesquels elles s'attribuent une souveraine puissance; elles visitent les malades, prescrivent les remèdes et récitent des prières.

La pluralité des femmes est permise dans ces îles, mais on ne peut contracter mariage dans la famille dont on porte le nom, quelque éloigné que soit le degré de parenté. Les filles et les femmes sont fort réservées, elles n'usent ni de fard, ni de boucles d'oreilles; elles ont de longues aiguilles d'or et d'argent à leurs cheveux, qu'elles tressent au haut de la tête en forme de boule. Il y a peu d'adultères, de meurtriers, de voleurs et de mendians dans le pays.

Le respect pour les morts n'y est pas moins grand qu'à la Chine; le deuil y est aussi exactement observé, mais on n'y fait pas tant de dépenses pour les enterremens et pour les sépultures. On brûle la chair des cadavres, et l'on en conserve les ossemens. On met quelques odeurs et quelques bougies devant les défunts, et il est des temps où l'on va pleurer sur leurs tombeaux.

On compte ici, comme à la Chine, neuf degrés de mandarins, également distingués par leurs habillemens. Plusieurs de ces offices sont héréditaires; il en est d'autres qui sont réservés au mérite. Les laboureurs, les pêcheurs, ceux qui cultivent les jardins, ont la moitié du revenu des terres; et comme les propriétaires sont encore obligés de fournir à certains frais, ils ne perçoivent guère que le tiers du produit de leur bien.

Les mandarins et les grands, et même les princes, ne peuvent avoir pour leurs chaises que deux porteurs; le roi seul en a autant qu'il veut en avoir. Leurs équipages sont à la japonaise, ainsi que leurs armes et leurs habits. Ils ont pris, des Chinois et des Japonais, ce qu'ils ont jugé pouvoir leur convenir. Le roi a de grands domaines, les salines, le soufre, le cuivre, l'étain, etc.; c'est sur ces revenus qu'il paie les seigneurs et les mandarins.

On voit rarement ici des procès pour les biens et les marchandises. Les femmes seules et les filles vont au marché, les hommes n'y paraissent jamais. Il y a des foires, des boutiques et des magasins pour le bois, les étoffes, les grains, les drogues, les métaux, les meubles, les bestiaux, etc. Toutes ces îles ont des manufactures de soie, de toile, de papier, d'armes; d'habiles ouvriers en or, en argent, cuivre, fer, étain et autres métaux; un grand nombre de barques et de vaisseaux, non seulement pour communiquer d'une île à l'autre, mais pour aller à la Chine, à Formose, au Japon, etc.

Il y a des tribunaux pour les affaires

ecclésiastiques, civiles et criminelles, le commerce, les manufactures, la navigation, les édifices, la littérature, la guerre, etc. Les bonzes, répandus dans le royaume, ont des écoles pour montrer à lire aux enfans. Les lettres qu'on s'écrit, les comptes, les ordres du roi, sont en langage du pays et en caractères japonais. Les livres de morale, d'histoire, de médecine, d'astronomie, sont en lettres chinoises. On y bâtit également dans le goût des deux nations, et sur la plupart des édifices publics on lit des inscriptions dans les deux langues.

Ces îles abondent en tout ce qui est nécessaire et même agréable à la vie. Elles ont toutes sortes de grains, de fruits, d'arbres, d'animaux, excepté des loups, des tigres et des ours, des lièvres et des daims. Les habitans sont généralement affables pour les étrangers ; adroits, laborieux, sobres et propres dans leurs maisons, ils aiment les jeux et les divertissemens, et il règne dans les familles une grande union, entretenue par de fréquens repas que l'on se donne réciproquement.

LETTRE V.

LE THIBET ET LE BOUTAN.

Ces deux pays contigus, l'un et l'autre tributaires de la Chine, sont gouvernés, le premier, par le grand Lama, chef de la religion des Tartares païens; le second, par un prince que l'on nomme Radjah, et qui est en quelque sorte vassal du pontife. Les montagnes de ces contrées semblent former un croissant qui s'étend depuis les sources du Gange jusqu'aux frontières d'Ascham. Ces régions montagneuses renferment un grand nombre de lacs. Le plus considérable porte le nom de Terkiri; il a environ vingt-sept lieues de long et neuf lieues de large. Le Thibet contient plusieurs autres lacs plus ou moins étendus, principalement dans les parties septentrionales. Il en existe un qui fournit du Tinkal ou borax brut. Celui qui est au sud de Lassa, capitale du Thibet, est un vaste fossé d'environ deux lieues de large qui entoure une île d'à peu près douze lieues de diamètre. Les lacs plus petits, même au sud, sont gelés en hiver, à une grande profondeur.

La température des saisons du Thibet, ainsi que leur durée et leur retour périodique paraissent généralement uniformes. Le printemps, depuis mars jusqu'en mai, s'y fait remarquer par de grandes variations dans l'atmosphère et par de fortes chaleurs. Le tonnerre y gronde fréquemment. La saison humide s'étend depuis juin jusqu'en septembre, et se termine par de fortes pluies qui tombent sans interruption, et enflent les rivières jusqu'aux bords. Depuis octobre jusqu'en mars le ciel est serein, et rarement obscurci par les brouillards et les nuages. Pendant trois mois de cette saison, on éprouve un froid plus rigoureux qu'en aucune partie de l'Europe.

La végétation et l'agriculture du Thibet y luttent contre des obstacles physiques. Vers l'approche de l'hiver, les vallées sont communément sous les eaux ; cependant les rayons d'un soleil ardent ont bientôt mûri les épis. L'automne étant clair et serein, le cultivateur étend sa moisson sur la terre pour y sécher, et la faire ensuite fouler par les bœufs. Les grains ordinaires sont le froment, les pois et l'orge. Le riz ne croit que dans les cantons les plus méridionaux. Les turneps, les citrouilles, les concombres y viennent en abondance. Les montagnes sont entourées à leur base par des forêts de bambous, de bananiers, de trembles, de bouleaux, de cyprès et d'ifs. Le frêne est très grand et très beau; le pin et le sapin petits et rabougris. On trouve sur le sommet des montagnes une espèce de rhubarbe, dont les habitans font usage. On y voit aussi, tant sauvages que cultivés, les pêchers, les abricotiers, les pommiers, les poiriers, les orangers, les grenadiers. Les lacs sont abondamment fournis en poissons, parmi lesquels il en est plusieurs inconnus en Europe.

Le prince qui gouverne le Thibet, peu puissant dans ce monde temporel, est, pour une grande partie de l'Asie, la divinité visible. C'est *Fo*, c'est Boudd'ha lui-même revêtu d'une forme humaine. Les peuples sont persuadés que l'esprit divin réside en lui; et ils croient que ses décisions en matière de culte sont infaillibles. Le Grand-Lama vit dans la solitude, ne sort de son couvent que trois ou quatre fois l'année, et ne visite qu'une fois la ville. Il est alors accompagné d'une suite nombreuse.

Les prêtres n'oublient rien pour persuader au peuple qu'il ne meurt jamais.

Ils ont soin de lui substituer un autre lama de même taille et, autant qu'il se peut, de même figure que son prédécesseur. Quelquefois c'est le Lama lui-même qui se choisit un survivancier. Il assemble les prêtres, et leur déclare qu'il doit passer dans le corps de tel enfant qu'il leur indique, et qui est nouvellement né; on élève cet enfant avec grand soin, et lorsqu'il est en âge de discerner les objets, on mêle quelques meubles du mort parmi les siens; s'il les distingue, on est persuadé, d'après cette épreuve, que l'esprit de Dieu a passé dans son corps; et il est choisi pour remplacer le Lama. Dès lors il est regardé comme l'image de Dieu qui se régénère, et existe personnellement dans la personne de ce pontife. Aussi l'appelle-t-on *le père éternel* ou *le père universel*. On lui attribue toutes les perfections de la divinité, et surtout une connaissance distincte des pensées les plus secrètes de l'ame.

Le Grand-Lama n'est pas seulement adoré des peuples du Thibet et du Boutan, une multitude prodigieuse d'étrangers vont lui offrir leurs hommages, et recevoir sa bénédiction. Il en vient des confins de l'Inde, de la Tartarie, de la Chine ; et les princes n'ont pas moins d'empressement que leurs sujets pour ce pélerinage. Le pontife, couché dans une espèce d'alcôve garnie de coussins et de riches tapis, reçoit ces adorations sans faire le moindre mouvement, ne rend le salut à personne, et ne se lève pas même pour les plus grands princes. Il met quelquefois la main sur la tête de ceux qui se prosternent au pied de son estrade, et ils se croient purifiés de leurs péchés. Cette superstition va si loin, que l'on révère jusqu'à ses excrémens; on les ramasse avec soin, on les fait sécher, ou les met en poudre, on en compose des sachets que les grands portent à leur cou en forme de reliques, et auxquels ils attribuent la vertu de guérir ou de prévenir les maladies. Les prêtres retirent un profit considérable de ces ordures pulvérisées ; ils en remplissent de petites boîtes qu'ils font vendre dans les marchés, et les dévôts en assaisonnent leurs viandes.

Le Grand-Lama a deux cents prélats du premier ordre, qui exercent, dans l'étendue de sa juridiction et sous son autorité, toutes les fonctions pastorales et ecclésiastiques. Ils forment entre eux une espèce de hiérarchie pour le maintien de la discipline et du bon ordre. Elle est composée de divers officiers, qui répondent à nos archevêques, à nos évêques et à nos prêtres. On voit aussi des abbés, des prieurs et d'autres supérieurs pour l'administration du clergé régulier. Ces ecclésiastiques ont beaucoup d'ascendant sur l'esprit des peuples ; ils gouvernent les grands avec le même empire, et toutes les richesses du pays sont dans leurs mains.

L'extrême pouvoir du chef des lamas s'est accru insensiblement comme celui du souverain pontife de Rome. Des princes tartares firent pour eux ce qu'ont fait Charlemagne et d'autres souverains en faveur du saint siége. Leur autorité temporelle fut d'abord resserrée dans des bornes fort étroites, mais elle s'étendit si considérablement qu'elle se fit redouter des princes même à qui ils étaient redevables des premiers fondemens de leur puissance. Ils ont depuis essuyé plusieurs révolutions, et ont été successivement revêtus et dépouillés de la souveraineté.

On compte au Thibet seize villes, qui sont généralement très petites. La capitale, nommée *Lhassa*, est située dans une plaine spacieuse. Les maisons, vastes et élevées, y sont bâties en pierre. C'est le siége du gouvernement Thibétain et des mandarins chinois qui en ont la surveillance. La ville est peuplée de marchands et d'artisans. Non loin de cette cité est la fameuse montagne sur laquelle est placé le palais du Grand-Lama. On l'appelle *Puta-*

la, c'est-à-dire montagne sainte. Ce palais, ou plutôt ce temple, est décoré d'un dôme doré; l'extérieur est décoré d'innombrables pyramides d'or et d'argent, et l'intérieur contient un nombre immense d'idoles des mêmes matières. C'est à ce temple célèbre que tous les étrangers vont en dévotion.

Près de l'autel est une tribune faite de divers morceaux de bois sculptés et dorés, derrière laquelle, sur un lieu un peu élevé, est placée l'image d'un homme vénérable, avec une écharpe pareille à celle que portent nos prêtres dans les cérémonies ecclésiastiques. Sur la tête de cette figure est un triangle dont les trois angles sont inégaux, et représentent la divinité. C'est de toutes leurs images celle à qui ils rendent le plus de respects, et devant laquelle ils brûlent le plus d'encens, allument le plus de cierges, font le plus de révérences, de génuflexions et de prosternations. Quand ils veulent obtenir quelques graces, ils courent à ce temple, y laissent des aumônes, et paient des prêtres ou d'autres personnes pour prier pour eux, et faire à leur intention la procession autour de l'église. Ils la font à genoux, ou prosternés par terre, ayant les bras alongés le long de la tête, et marquant avec les doigts l'endroit où posent leurs mains. Ils se relèvent, font quelques pas, et lorsque leurs pieds sont sur cette marque, ils se prosternent de nouveau, et achèvent de cette manière, par leurs diverses prosternations et leurs différentes marques, le tour qu'ils ont commencé. Le circuit est fort long; ils le font trois ou quatre fois de suite; et le chemin de cette procession est continuellement rempli de monde, comme on voit à Lorette des troupes de dévôts faire à genoux le tour de la chapelle.

Au milieu du temple de Lhassa est un espace séparé par des toiles où des religieux sont continuellement occupés à chanter et à lire. Ils se relèvent les uns les autres dans des temps marqués, suivant l'ordre établi dans le monastère. Aux environs de l'église sont de petites chapelles où l'on voit les cercueils des religieux qui sont morts en odeur de sainteté. Elles sont fermées de grilles de fer; de grandes lampes sont toujours allumées autour des tombeaux, et éclairent les figures qui représentent les personnes qui y sont enterrées.

Au mois de mars on célèbre dans cette église, durant huit jours, une fête solennelle, à laquelle assiste une multitude prodigieuse d'individus qui y arrivent des extrémités du royaume. On y a vu jusqu'à vingt mille religieux nourris, pendant toute la fête, aux dépens du monastère. En voyageant dans ce pays on rencontre fréquemment, loin des villes et des lieux habités par les séculiers, des couvens de moines, qui ont fait vœu de pauvreté, de chasteté et d'obéissance, et qui observent la règle dans toute sa rigueur. Ces religieux sont à peu près vêtus comme on habille les apôtres dans nos tableaux. Ils ont une robe rouge, sans manches, et une pièce d'étoffe jaune sur les épaules, avec laquelle ils se couvrent les bras, quand le froid l'exige.

Techou-Loumbou est un grand couvent composé d'environ quatre cents maisons habitées par des moines. Ce lieu, qui renferme en outre beaucoup de temples, de mausolées, et le palais du second lama, est situé dans le creux d'un rocher très élevé, ouvert du côté du midi. Tous les bâtimens sont en pierre; ils ont au moins deux étages, et des fenêtres fermées avec des rideaux de moire noire. Le haut des murs est décoré d'ornemens cylindriques, les uns unis, et couverts de drap noir avec des croix de toile blanche, les autres en cuivre doré.

Le Thibet est le siége principal du boudd'hisme. Boudd'ha y est adoré sous le nom de Chaghiamouni. Les Thibétains s'assemblent en grand nombre dans les temples pour célébrer l'office; ils chantent leurs hymnes alternativement en récitatif et en chœur, et s'accompagnent avec beaucoup d'instrumens très bruyans. Ce peuple est exempt de beaucoup de préjugés mêlés au brahmisme, et particulièrement de ceux qui concernent la distinction des castes, et des préventions contre les étrangers.

La nation thibétaine est divisée en deux classes; l'une s'occupe des affaires terrestres, l'autre se consacre entièrement aux choses spirituelles. La moitié de ce peuple travaille, l'autre moitié prie. Tous partagent ensemble, et avec le plus grand accord, le fruit de leur labeur. Ils n'ont point d'armée pour défendre leur territoire. Toute leur confiance est dans la médiation du Grand-Lama; ils sont persuadés que l'invincible bouclier de ce représentant de l'Être-Suprême peut les préserver de toute attaque de la part d'un ennemi.

La coutume la plus singulière du Thibet est celle qui rend une femme épouse de plusieurs maris. Le choix d'une femme appartient à l'aîné de la famille ; mais dès qu'il l'a choisie, elle devient l'épouse de tous ses frères. On dit qu'elle est aussi jalouse de ses droits que le sont des beautés de leur harem les musulmans, et les autres peuples chez lesquels la polygamie est en usage.

Les chefs du gouvernement, les officiers de l'état, et ceux qui aspirent à le devenir, regardent comme au-dessous de leur dignité et de leur devoir, le soin d'avoir des enfans ; ils l'abandonnent presque exclusivement aux gens du peuple. Ainsi la religion et le système de la polyandrie se réunissent au Thibet, et même au Boutan, pour s'opposer à l'accroissement de la population.

Les Thibétains sont généralement doux et affables. Les hommes sont vigoureux ; leur physionomie tient un peu de celle des Mongols. Le teint des femmes est brun, mais orné d'une vive rougeur, comme les fruits qui reçoivent une forte impression du soleil. Les mariages n'exigent que peu de préliminaires. Si la recherche de l'amant est approuvée par les parens de la demoiselle, ceux-ci se rendent avec leur fille à la maison de leur futur gendre. Les amis et les connaissances des deux parties forment leur cortége; trois jours se passent dans les plaisirs de la danse et de la musique; ce temps expiré, le mariage est censé conclu. Les prêtres, exclus de tout commerce avec les femmes, n'y interviennent point. L'union conjugale est indissoluble. Le mari ne peut renvoyer une femme qui lui déplaît, ni la femme quitter son mari, sans que le même consentement qui les a unis autorise leur séparation, et dans ce cas ni l'un ni l'autre ne peuvent contracter de nouveaux liens.

Le Thibet, au premier coup d'œil, paraît un des pays les moins favorisés de la nature et le moins susceptible de culture.

Il est hérissé de petites montagnes rocailleuses sur lesquelles on n'aperçoit aucune trace de végétation ; ses plaines, d'une aridité effrayante, sont toujours rebelles sous la main qui tente d'en défricher quelque partie. Son climat, excessivement froid, oblige les habitans à chercher des abris dans les vallées les plus profondes, dans les gorges des montagnes les plus abritées, et, parmi les rochers, dans les expositions les plus chaudes. Mais ce pays possède des troupeaux nombreux, et des mines d'une richesse inépuisable. Les animaux s'y multiplient avec une prodigieuse fécondité. La multitude d'oiseaux sauvages, de gibier, de bêtes fauves, de bestiaux, passe l'imagination.

L'industrie de ce peuple s'exerce dans des fabriques de schalls ou d'étoffes de laine. Le superbe poil de chèvre avec lequel on fait les schalls auxquels nos dames mettent tant de prix, est en grande partie transporté brut à Cachemire. Les Chinois tirent du Thibet de la poudre d'or pâle, du corail, des peaux d'agneaux, du musc et des étoffes de laine. Le Thibet envoie à Nipal du sel gemme, du tinkal ou borax brut, et de la poudre d'or. Comme on ne bat point monnaie au Thibet, parce que les principes religieux le défendent, le bas argent de Nipal a cours dans tout le pays.

Le Boutan et le Thibet n'ont pour limites qu'une longue rangée de perches ornées de petits drapeaux, et plantées sur des tas de pierres, au sommet du Soumounang; mais ces limites sont suffisantes entre deux peuples qui ont à peu près les mêmes dispositions pacifiques, et qui suivent la même religion. Le Boutan est habité par des Indiens et des Tartares. Il est gouverné par un prince séculier qui a le titre de radjah, mais qui reconnaît le prince spirituel pour souverain, et lui envoie tous les ans des ambassadeurs pour lui faire hommage.

Le radjah fait sa résidence à *Tassisudon*, capitale de ses états. Cette ville est située dans une vallée fertile, arrosée par le Tchintcheou, et entourée de montagnes boisées. Son palais est une citadelle au haut de laquelle est juché l'appartement qu'il occupe. Pour y arriver, il faut traverser plusieurs salles et des corridors, et grimper de longues échelles qui communiquent d'un étage à l'autre. La pièce principale est fort jolie, peinte en bleu et dorée. Quinze cents ghilongs, ou moines lamiques, demeurent dans le palais. Éveillés avant l'aube, ils chantent des hymnes au bruit de nombreux instrumens ; à midi ils commencent un autre office, et le soir un troisième. Ces ecclésiastiques gardent le célibat, et vivent dans la plus stricte réclusion ; seulement une fois la semaine, quand la saison le permet, ils vont processionnellement se baigner dans les eaux du Tchintcheou.

Les Boutaniens sont forts, vigoureux,

et d'une taille bien proportionnée; malheureusement ils sont sujets au goître. Ils ont les cheveux noirs, et les coupent très courts. Leurs yeux sont noirs, petits, et disposés obliquement. Ils ont le visage large, aplati et de forme triangulaire, comme les Chinois; les cils extrêmement déliés, les sourcils peu fournis, la peau très unie, et la barbe rare. La plupart sont de haute taille; la malpropreté est un défaut commun parmi eux. Les femmes de ce pays n'y sont pas moins robustes que les hommes; ce sont elles qui le plus souvent portent des fardeaux qu'ailleurs on placerait sur le dos d'animaux.

Les monastères et les palais sont de vastes édifices bien bâtis, mais qui manquent de cheminées; quand il fait froid, on allume du feu au milieu de l'appartement, sur une grande dalle de pierre; la fumée, qui n'a pas d'autre issue que les portes et les fenêtres, noircit tout. Le palais de Tassisudon est en pierre, et éloigné de plus d'un mille des maisons qui sont en bois. Le radjah a un palais d'été appelé Panouka; il domine sur une jolie vallée; ses jardins sont beaux et bien entretenus. Ils renferment toutes sortes d'arbres fruitiers, entre autres des orangers et des manguiers. Ce lieu passe pour celui du Boutan qui jouit de la température la plus douce. Les Boutaniens négligent le jardinage; leur climat permet de cultiver toutes les espèces de fruits, de légumes et de plantes potagères, mais ils dédaignent tout ce qui ne croît pas spontanément dans leur territoire. Les hommes se livrent à une honteuse indolence, et si les champs sont bien entretenus, c'est grace aux travaux assidus des femmes, qui montrent autant de courage que d'activité.

Le Boutan n'offre à la vue que des irrégularités extrêmement variées, des montagnes couvertes d'une éternelle verdure, et des forêts remplies d'arbres magnifiques. Tout espace qui ne paraît pas trop escarpé, et qui offre la moindre quantité de terre, est défriché et mis en culture; des murs en terrasse préviennent les éboulemens. Il n'est point de vallée, point de pente douce où la main de l'agriculteur ne se soit exercée. Le pied de presque toutes les montagnes est baigné par un torrent rapide, et le sommet, ainsi que les flancs des plus hautes, est couvert de villages bien peuplés, au milieu de jardins, de vergers et de plantations variées. Ce pays présente à la fois l'aspect de la nature la plus sauvage et les résultats du travail le plus assidu; à l'exception des singes, qui sont en grand nombre, et que ces peuples ainsi que les Indous regardent comme sacrés, on n'y voit guère que des animaux domestiques.

Les habitans de l'un et de l'autre sexe sont vêtus, l'été, de grosse toile de coton ou de chanvre, et l'hiver, d'un gros drap qui est une espèce de feutre. Le radjah porte sur la tête un bonnet fourré, avec une large bande de la même fourrure, et une grosse houpe de soie rouge sur le sommet. Son habillement ressemble à celui des Turcs, excepté que sa veste, moins longue et plus étroite, ne passe pas les genoux; ses bas et ses souliers sont d'une seule pièce comme des bottines.

Les magistrats exerçant leurs fonctions, sont habillés comme les femmes du pays. Ils ont les cheveux pendans et tressés, le corset et la jupe joints ensemble, une ceinture de drap qui leur serre le milieu du corps, et un manteau qui ne leur laisse que le bras droit découvert. Ils portent des pendans d'oreilles larges comme la main, et dans la crainte d'en être blessés par la pesanteur, ils les attachent avec une petite courroie sous leur bonnet, qui est une espèce de mitre sans pointe. Ceux qui n'exercent aucune charge sont presque habillés comme les Tartares ; mais, au lieu de bonnet, ils ont une espèce de grand chapeau jaune, sur des cheveux longs et flottans. Les femmes, au lieu du bonnet en forme de mitre, portent un chapeau fait de bois mince et léger, couvert en dehors et en dedans d'une toile rouge, orné de quantité de perles, et semblable à un plat renversé sur la tête. Le reste de leur parure consiste dans un grand nombre de colliers d'ambre et de corail. Le plus long va jusqu'à la ceinture, et les autres diminuent par degrés jusqu'à la gorge.

Au Boutan, on n'épouse qu'une femme à la fois, mais on peut la répudier pour en prendre une autre; et à l'exception des sœurs, on n'a aucun égard à la parenté. Le consentement des deux parties ne suffit point, il faut encore celui des parens; mais il n'est besoin d'aucune fonction religieuse ni pour les mariages ni à la naissance des enfans. On n'appelle les ecclésiastiques que dans les maladies sérieuses ; ils lisent tout haut dans des livres de prières pendant tout le jour. Le soir ils font, avec de la pâte, des pyramides qu'ils ornent de trois roses, de beurre et de trois croix de paille; puis, les mettant dans des vases, ils recommencent leurs prières, avec des cierges allumés et des sonnettes à la main. Ils élèvent de temps en temps en l'air, en forme d'offrandes, ces vases et ces pyramides, et les arrosent d'une eau sacrée destinée à cet usage. Après cette cérémonie, ils brûlent les croix de paille, et emportent les gâteaux dans des lieux où ils puissent être dévorés par les corbeaux. Si le malade meurt, on garde le corps à la maison pendant trois jours qui se passent en chants et en prières. On le conduit ensuite hors de la ville, où des hommes payés pour cet office le mettent en morceaux et le donnent à manger aux chiens. Le jour de l'anniversaire, on appelle encore les prêtres, et on donne à manger aux pauvres. Quand ces peuples ont du chagrin, ou qu'il leur est arrivé quelque malheur, ils assemblent autour de leurs maisons un certain nombre d'enfans, les-

nourrissent et les paient, afin qu'ils passent le reste du jour en prières.

Les habitans de ce pays sont d'un commerce facile, et se familiarisent aisément avec les étrangers, surtout quand ils en espèrent quelque avantage, car ils sont très intéressés. Ils ont rarement des querelles entr'eux; ils en viennent encore plus rarement aux mains, parce qu'ils sont lâches et timides. Au reste ce ne sont pas leurs lois qui les rendent tels, elles sont généralement justes et proportionnées aux crimes. On observe assez la loi du talion; on ôte la vie à celui qui a tué; celui qui en a battu un autre est battu lui-même; tout dommage fait à autrui doit être réparé avec usure. On emploie peu de papier en informations et en procédure; on ne connaît ni les cachots ni les prisons; le procès est instruit sans retardement, la sentence est rendue sans délai, et le jugement exécuté sur-le-champ. Le radjah peut seul porter une sentence de mort.

Les Boutaniens ne s'appliquent ni aux arts ni aux sciences; le peu de lumières répandu parmi eux, ne se trouve que dans les prêtres, les autres savent à peine lire et écrire.

TABLE

DES LIEUX, DES PERSONNAGES ET DES CHOSES REMARQUABLES DANS CE VOLUME, QUI CONTIENT LA CHINE, LE THIBET ET LE BOUTAN.

ADMINISTRATION de la justice,	page 180
AGRICULTURE (l') honorée,	95
AMEUBLEMENT des Chinois,	126
ANNALES chinoises,	41
ARBRE à la cire,	61
ARBRE au suif,	59
ARBRE au vernis,	104
ARITHMÉTIQUE chinoise,	45
ASTRONOMES chinois,	46
AUTORITÉ paternelle,	35
BASTONNADE (la), correction paternelle,	21
BOUDD'HA, divinité thibétaine,	225
BOUTANIENS (les),	231
CALENDRIER chinois,	48
CANAL chinois (le grand),	187

TABLE.

Canaux, nombreux en Chine,	page 16
Caractère des Chinois,	128
Climat de la Chine,	185
Coutume singulière au Thibet,	226
Description du Boutan,	233
Description de la ville de Canton,	9
Description des villes chinoises,	12
Deuil en blanc, en Chine,	78
Devoirs réciproques en Chine,	39
Distinction des villes du premier, second et troisième ordre,	17
Division de la Chine,	3
Divorce permis, mais rare,	86
Doctrine de Confucius.	72
Doctrine de Foë,	71
Doctrine de Laokiun,	73
Dragon (le) des dames,	184
Dynasties chinoises,	184
Edifices publics en Chine,	196
Empire chinois,	1
Enterremens chinois,	75
Etiquettes pour les fêtes,	91
Fête de l'agriculture,	93
Fête de Confucius,	96
Fête singulière,	50

I. 21

TABLE.

Fêtes solennelles à Lhassa,	224
Fleuve bleu (le),	187
Fleuve jaune (le),	187
Fokien (le), province chinoise,	112
Fou-Tcheou-Fou, capitale du Fokien.	114
Funérailles des Boutaniens,	236
Garde (la) des dames,	184
Gingzeng (le), plante singulière,	181
Gouvernement de la Chine,	166
Habillement des Boutaniens,	234
Habillement des Chinoises,	122
Habillement des Chinois,	124
Honan (le), province chinoise,	98
Ho-Nan-Fou, capitale du Ho-Nan,	99
Hou-Quang (le), province chinoise,	112
Ile de Chin-Schan,	199
Ile Formose,	199
Ile d'Haynan,	5 et 206
Iles de Leiou-Kéiou,	208
Industrie des Thibétains,	227
Imprimeries de Pékin,	190
Instruction des enfans chinois,	28
Kang-Tcheou, capitale du Tche-Kiang,	116
Kao-Tchéou-Fou, ville de la province de Canton,	17

Kiang-Nan, province chinoise, page	64
Kiang-Si, province chinoise,	55
King-te-Ching, bourg renommé pour la porcelaine,	55
Kiun-Tcheou-Fou, capitale du Hay-Nan,	5 et 206
Koei-Tchéou (le), province chinoise,	106
Koei-Yang-Fou, capitale du Koei-Tcheou,	107
Lama (le grand),	217
Lettrés chinois,	28
Lhassa, capitale du Thibet,	221
Limites du Thibet et du Boutan,	228
Macao, ville fondée par les Portugais,	6
Magistrats boutaniens,	235
Manière de voyager en Chine,	141
Manufactures chinoises,	189
Mariages des Boutaniens,	236
Mariages chinois,	81
Mariage du souverain,	84
Mariage des princesses,	85
Monastère Boutanien,	232
Montagne fameuse du Thibet,	221
Montagnes (riches) de la Chine,	188
Morale des Chinois,	34
Muraille (la grande),	196
Musique chinoise,	44

Nankin, capitale du Kiang-Nan,	page 64
Nan-Tchang-Fou, capitale du Kiang-Si,	56
Nombre des villes chinoises,	13
Nombre des villes murées, en Chine,	198
Origine des Chinois,	4
Palais du Radjah du Boutan,	232
Pekin, capitale de la Chine,	148
Petché-Li (le), province chinoise,	148
Ponts (magnificence des),	26
Pont (le) de fer,	27
Pont (le) volant,	28
Portrait des Chinois,	120
Portrait des Thibétains,	229
Poule d'Or (la),	101
Prêtres du Thibet,	217
Quang-Si (le), province chinoise,	110
Quang-Tcheou-Fou, ou canton,	7
Radjah du Boutan,	229
Religieux nombreux à Lhassa,	224
Reliures chinoises,	194
Repas de cérémonie,	87
Schang-Tong (le), province chinoise,	147
Schan-Si (le), province chinoise,	117

Schen-Si (le), province chinoise,	page 99
Se-Tchuen (le), province chinoise,	102
Sin-Guan-Fou, capitale du Schen-Si,	105
Situation de la Chine,	2
Supplices capitaux,	23
Tai-Ouan, capitale de l'Ile-Formose,	201
Tai-Yuen-Fou, capitale du Schan-Si,	118
Tassisudon, capitale du Boutan,	229
Tché-Kiang (le), province chinoise,	115
Tchin-Tou-Fou, capitale du Se-Tchuen,	106
Techou-Loumbou, grand couvent,	225
Temple de la reconnaissance, en Chine,	66
Temple célèbre à Lhassa,	221
Thibet (le) et le Boutan,	214
Tour (la) de Porcelaine,	64
Tribunal des Censeurs,	168
Tsi-Nan, capitale du Schang-Tong,	147
Vie retirée des femmes Chinoises,	130
Vou-Chang-Fou, capitale du Houquang,	112
Voyage par eau,	142
Yun-Nan (l'), province chinoise,	107
Yun-Nan-Fou, capitale de l'Yun-Nan,	110

FIN DU TOME CONTENANT LA CHINE, ETC.

www.ingramcontent.com/pod-product-compliance
Lightning Source LLC
Chambersburg PA
CBHW070643170426
43200CB00010B/2109